THE ESSENCE OF WORK

仕事のエッセンス

「はたらく」ことで自由になる

西きょうじ

KYOJI NISHI

SHIMBUN PUBLISHING INC.

日新聞出版

はしがき

現代社会で生きていくためには何らかの形でみんな仕事と関わる必要があります。これはおそらく当たり前すぎることなので、なぜ仕事をするの、どう仕事をしているの、と問われると意外に返答に窮することになりがちです。

また、仕事が日常化され習慣化されると、自分がなぜ今のような働き方をしているのかに無自覚になり、仕事によって犠牲になっている生活上の様々な要素も仕方がないものとなんとなく許容してしまいがちになります。幸福な生活のために仕事をしているはずなのに、仕事のために生活が損なわれるのは本末転倒だと気づかなくなってしまうのです。

そこで、「仕事のエッセンス」と題した本書で、「仕事をするとはどういうことなのか」「どういう働き方が可能であるか」、また「仕事をすることが自分を幸福にし、さらには社会を豊かにすることにつながりうる」ということについて、原点に返って根本的なところから述べてみることにしました。

現在、時代は急速に変化しており、今ある仕事の半分近くは近い将来になくなるだろうといわれています。また、人口減少に伴って、就業システムも大きく変化していくものと考えられます。そうすると、現在仕事をしている人は今のまま惰性で仕事を続けていくことはできなくなりますし、これから仕事に就く人は今までとは異なる仕事観を持つ必要があります。そういう場合に必要になるのは、流行や目先の利益を追う姿勢ではなく、一度立ち止まって自分のスタンスを確認すること、場合によっては新たなスタンスを築くことです。

本書にはいわゆるビジネス書と違って、社会的成功（出世や金銭獲得・名誉欲の充足）のためのハウツーは全く書かれていません。これからの時代の中でどう仕事と向き合っていくか、仕事によってどのように社会とつながり幸福感を得ていくか（それこそが成功なのだと私は考えています）、という極めて根本的なことを様々な実例をあげながら示しています。

第1章では「はたらく」ことがホモ・サピエンスの本能であるということから始め、仕事への対し方について分類しました。第2章では現代社会の労働環境の問題点について述べ、これから社会がどう変化していくかを考えました。第3章では就職、転職について述べながら企業の中で働くということはどういうことかまで論を発展させました。この章では企業で働くことについて述べながら、自分をどう見直しどう会社（社会）と向き合うべきか、またそうすることがなぜ自分の環境改善につながるのかということにまで言及しました。第4章では多様なワークデザインを提示し仕事の可能性、新たな社会の方向性も示しました。そして、第5章で再び原点に返って「仕事のエッセンス」について論じ、最終的には仕事の話を通じながら、幸福に生きられる社会をどう築いていくかに至るまで論じています。

本書を読むことで、今一度自分の仕事や社会に対する姿勢を見直すきっかけになり、さらには、仕事は生活を蝕《むしば》むものでも人を不自由にするものでもなく、「はたらく」ことで人は自由になり幸福になれるものなのだということを感じとってもらえれば幸いです。そして、本書がよりよい社会環境の形成に多少なりとも貢献できることを願っています。

仕事のエッセンス「はたらく」ことで自由になる　目次

4. 株式会社 A-1 Pictures　69

第3章

就職・転職にどう向き合うか　113

（余談）思考力を問う入社試験（パターン認識しかできない人はいらない！）　126

第4章

多様なワークデザインに向けて 181

第5章
再び「仕事」のエッセンス 235

ブックデザイン：佐藤亜沙美

THE ESSENCE OF WORK

CHAPTER 1

第 1 章

「働く」とは どういうことなのか

なぜあなたは働くのか？

なぜあなたは働くのか？

改めてそう問われると、「金のために決まっているだろう」「生活のために決まっているじゃないか」と答えて、そこで思考停止してしまう人も多いのではないでしょうか？

実際、2014年の「あなたにとって働く目的はなんですか」という内閣府の調査でも、過半数が「お金を得るために働く」と答えています。

もっともなことです。「社会貢献のために働きたい」などという理想を語ってみても、お金を稼げなければ、今の社会では生活することが困難になるでしょうから。

ですから、「稼ぐ」ことを棚上げして「働く」ことに意味を見出そうとすることは、大多数の人にとって現実的ではありません。

それでは、問いを変えてみましょう。

なぜあなたは食べるのか？

この問いに対しても、やはりあなたは「生きるためだ」「栄養をとるためだ」と答えるかもしれません。しかし、生きるという目的を果たせるならば、何をどう食べてもよいと思えるでしょうか？

おそらく、生存ギリギリのところにいる人でなければ、何を食べるか、どう調理したものを食べるかを選ぼうとすることでしょう。その選び方には自分の属する文化が反映されるだろうし、さらには、その志向性には経済的な要素ばかりではなく思想性が反映されることもあるでしょう。

たとえば、速水健朗《はやみずけんろう》氏は『フード左翼とフード右翼　食で分断される日本人』（朝日新書）の中で、自然志向、健康志向の「地産地消」「スローフード」的な方向と「ジャンクフード」「ファストフード」的な方向の断絶は必ずしも経済格差と一致するものではなく、その方向性の違いは夫婦間でさえ生じるものであり、そこには政治意識の違いが見られると論じています。

すると、「働く」ということにも「どういう仕事をするのか」「どういう働き方をするのか」という選択があるはずです。「金を稼げるならばどんな仕事でもよい」ということにはならないでしょう。

そのことに無自覚なまま仕事をしていると、気がつけば、なんだかわからない食べ物を栄養補給として無理やり口に入れられるのと同じように働かされているということになってしまう危険性もあるでしょう。

実際に、そのような状態に陥っている人は、現状を肯定できないままに「生活のためだ」と言い張り、思考停止によって自己正当化を図ることになりかねません。「生活のための仕事」と言いながら、「仕事によって生活が蝕まれている」人も多く見られます。

そのような人は「仕事」ということ、「働く」ということを再度見直してみるほうがよいでしょう。

もちろん、何も意識しなくても充実した素晴らしい働き方をしている、という人もいるでしょう。好きなことを突き詰めていった結果、仕事としてお金を稼げるほどのものになった人。目の前の仕事に楽しさを見出し、それをひたすら追求しているうちに、自分が働くことが自分だけではなく社会にも貢献しているという循環を作り出した人。しかし、それは結果であって、そこには様々な偶発的幸運も関与しています。

　これから社会で働こうとしている人や、今の働き方に疑問を感じている多くの人にとっては、「なぜ働くのか」「働く」とはどういうことか、という原点に立ち返って考えてみることは重要なことなのです。

（参照）２０１４年度内閣府による調査結果

あなたにとって働く目的は何ですか？

20歳以上の男女に聞いたところ「お金を得るために働く」（51・0％）と答えた人が最も多く、次いで「生きがいをみつけるために働く」（21・3％）、「社会の一員として、務めを果たすために働く」（14・7％）、「自分の才能や能力を発揮する

働く目的は何か

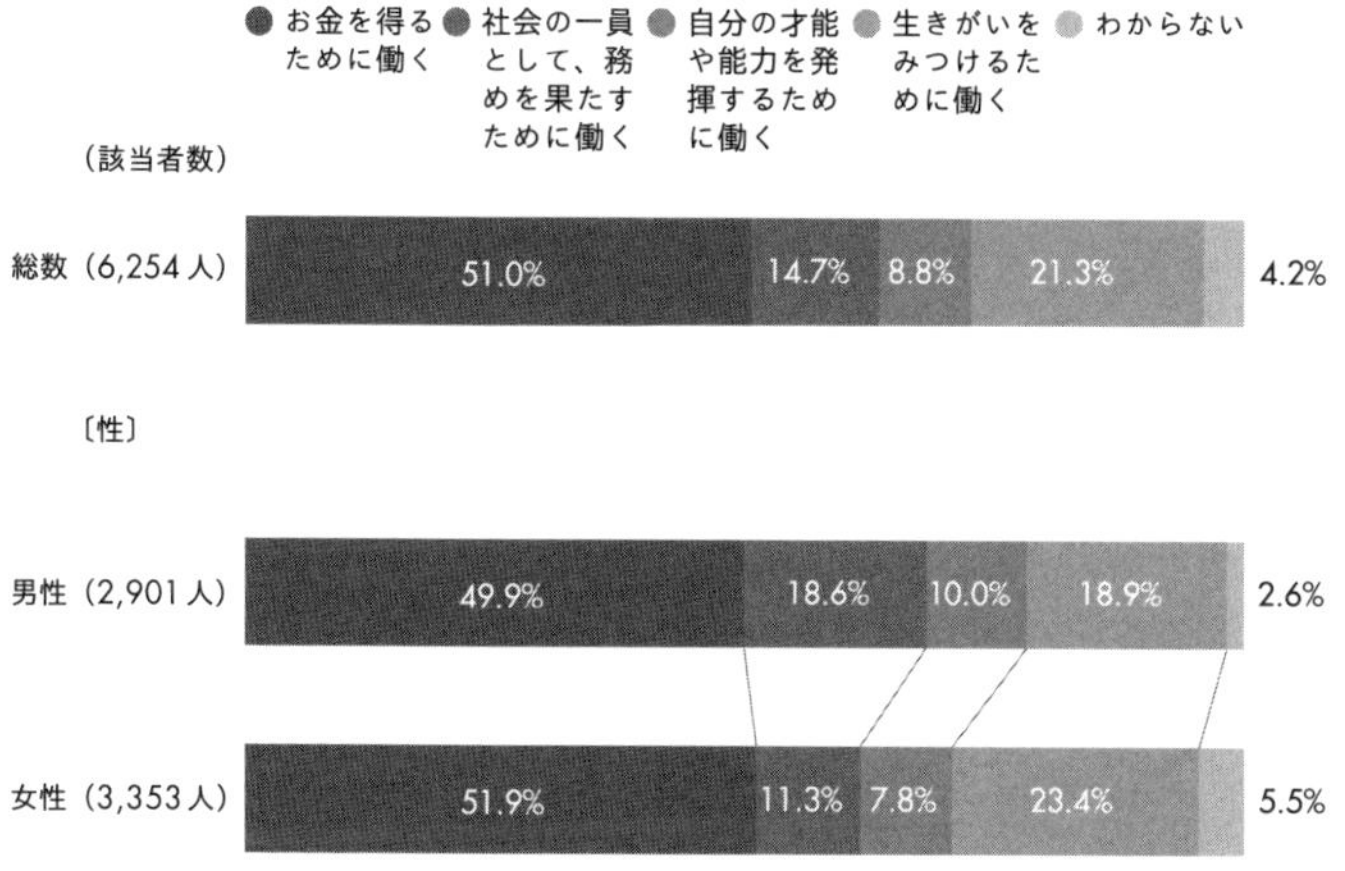

出典：内閣府・2014年度国民生活に関する世論調査

ために働く」（8・8％）であることがわかった。

前年度の調査結果と比較すると「お金を得るために働く」（48・9％→51・0％）が増加した一方で、「社会の一員として、務めを果たすために働く」（16・1％→14・7％）は減少した。男女別に見ると「社会の一員として、務めを果たすために働く」（男性18・6％、女性11・3％）は男性が多く、「生きがいをみつけるために働く」（男性18・9％、女性23・4％）は女性が多い。

ホモ・サピエンスの進化には「はたらく」ことが不可欠だった

それでは、原点に立ち返って考えてみることにしましょう。

まず、「はたらく」という行為を論じる以前に、簡単に人間という種のあり方を考えてみます。それによって、人間という動物は「はたらく」ことが宿命づけられた種なのだという結論が導き出されることになるからです（ただし、後で述べますが、「働く」ことと「賃金労働」は同じものではありません）。

まず、人類（ホモ・サピエンス）は、子孫を確実に残すために、晩熟性という戦略を選択しました。晩熟性とは、新生児が生まれてから乳離れまで長い時間が必要だということです。人類の場合、それには2年半かかります。早熟性はアフリカのサバンナで常に肉食獣に狙われているヌーやシマウマなどの草食動物に見られ、彼らは生まれて30分も経たないうちに立ち上がり、親と同じように走ることができます。

一方の晩熟性は狩る側の動物、ライオンなどの猫科動物に見られ、彼らは生まれた直後は目も見えなければ動くこともできません。

我々人類の先祖もアフリカの地で常に肉食獣に狙われていたので、チンパンジー同様に早熟性であったわけで、ネアンデルタール人も早熟性であったという研究報告もなされています。彼らは1歳2カ月で乳離れしていたようです。

彼らは、寒冷地に適した頑丈な骨格であり、平均の脳容量はホモ・サピエンスよりも大きかったと考えられています。そのネアンデルタール人は3万年前に絶滅し、ホモ・サピエンスは生き残りました。

ホモ・サピエンスは直立二足歩行を完成させるという適応によって、よろけずしっかり歩くために骨盤が狭くなりました。脳が大きいと難産となるために出産までの成長を遅らせ、出産後に長期の成長期が必要になり晩熟性となったのです。

長期の成長期が必要だということは親が長期的に世話する必要があるということになりますが、親だけで子育てすることには無理があります。なにしろ子どもは動けませんし、さらには成体になるまで十数年かかるわけですから。

すると、母親以外のものが子育てを手助けすることが不可欠になります。その結果、群れ全体で子育てをするということで負荷を分散することになったのです。その過程で群れ内部での知識の継承が行われ、文化が生まれていったと考えられます（つまり、今の日本のように核家族で、あるいは母親だけで子どもを育てるというのは進化の歴史を考えてみると極めて最近の現象であり、種として無理があるということになりますね）。

文化を持ったホモ・サピエンスは、獲った動物の皮を剝ぎ、硬い魚の骨を針として、獲物の髄《ずい》を糸として毛皮の着物を発明します。それが、ネアンデルタール人との明暗を分けたのです。

これが、人類の起源であり我々に刻印されている本能です。「群れ」で子育てをする。それは、群れ（あるいは種）の存続には不可欠な要素だったわけです。自分の子どもではない子どもを育てる共同作業、私はここに「働く」ことの原点があると思うのです。

「働く」とは「はたらく」、つまり「はた」を「らく」にすること、ともいわれています（繰り返しますが「働く」ことと「賃金労働」は同じものではありません）。周囲のものが子育てを手伝うことで子どもを産んだ母親の生存は容易になります。そうして、「はた」を「らく」にしています。

その見返りは、自分の子育てを手伝ってもらえること、あるいは群れの存続の可能性を高めることです。「はたらく」側からすれば、群れの存続可能性を高めることによって自分の存続可能性も高まる、ということになります（もちろん、個体が意識的に選択しているわけではありませんが）。そして、生存戦略として脳自体も「はたらく」、つまり利他的行動をとることで快感を覚えるようになっていったようです。

このように考えてみると、私たちにとって「はたらく」ことは本能なのだといえるでしょう。賃金換算されるものであろうがなかろうが、「はたらく」ことは進化論的に宿命づけられているのです。

「はたらく」ことと「仕事」、

また「積極的賃金労働」と「隷属的賃金労働」

これまで、西欧では work と labor を区別しようとする思索がしばしば行われてきました。

まず、労働とは、基本的には人間が自然に働きかけて生活手段や生産手段を作り出すことと考えられていますが、旧約聖書では「労働は神の罰」と解釈されたり（アダムとイブは楽園から追放されて労働をせざるをえなくなりました）、逆にプロテスタントにおいては「労働は神の意志」「労働は神聖なもの」として働かないものは罰せられたりもしました。このような「仕事」一般を表す labor から work を区別しようとしたのは、マルクス批判者であるハンナ・アーレントです。彼女の定義はこうなっています。

労働 labor とは、人間の肉体の生物学的過程に対応する活動力である。人間の肉体が自然に成長し、新陳代謝を行ない、そして最後には朽ちてしまうこの過程は、労働によって生命過程の中で生みだされ消費される生活の必要物に拘束されている。そこで、労働の人間的条件は生命それ自体である。

仕事 work とは、人間存在の非自然性に対応する活動力である。人間存在は、種の永遠に続く生命循環に盲目的に付き従うところにはないし、人間が死すべき存在だという事実は、種の生命循環が永遠だということによって慰められるものでもない。仕事は、すべての自然環境と際立って異なる物の「人工的」世界を作り出す。その物の世界の境界線の内部で、それぞれ個々の生命は安住の地を見いだすのであるが、他方、この世界そのものはそれら個々の生命を超えて永続するようにできている。そこで、仕事の人間的条件は世界性《ワールドリネス》である。（『人間の条件』（志水速雄訳、ちくま学芸文庫）より）

簡略化すると、「労働（レイバー）」は生命として生きていくのに必然的に必要なことであり、強迫感を持つものであり、素早く消費され持続性を持たない。一方、「仕事（ワーク）」とは生存の必然にとどまらず、それ自体の成果が耐久性・持続性を含んでいる。つまり、「仕事（ワーク）」自体は生産物が完成した時点で終わるが、その生産物は、それが「物」であることによって、耐久性・持続性を持っており、「世界」を構成する要素となる。というわけで、仕事は人工的に世界を構築する力となるということです。マルクスはこの両者をごっちゃにしているとアーレントは批判していますが、マルクスは「労働を超える労働」といった表現もしていて、その点では共通項があるように思えます。

ここでは、さらに意味をつけ加えて簡略化してみます。労働はその時々に生き残る必要性を満たすために行うことで、そこには継続性、選択性は含まれない。社会構築の力とならない。仕事は「ことに仕える」と書くが、「仕える」からには継続性を必要とし、選択性を含む。社会構築につながりうる。

それを踏まえた上で、この本では日本語的なセンスとして「労働」「仕事」「はたらく」、さらに、「隷属的賃金労働」「積極的賃金労働（仕事）」という言葉で分類することにします。それらを明確に区分するラインがあるわけではありませんが、「労働」と「仕事」の区別は上記の通り、「はたらく」は賃金的報酬の有無にかかわらず「はた」を「らく」にすること一般で、「仕事」に分類されない活動も含みます。「隷属的賃金労働」は生存のためにお金が必要なので自分の意志に反する金銭獲得の手段をとらざるをえない賃金労働、「積極的賃金労働（→仕事）」は、ここでは手段を自分の意志で選択した労働、持続性があれば「仕事」に発展する労働ということにしておきます。

もちろん隷属的か積極的かは主観性によって区分されるだけなので「積極的」に選んだ結果がブラック企業であって、現状「隷属的」に「労働」している場合や、客観的に見ると「隷属的」に「労働」しているのだが、いわゆる「やりがい詐欺」（第2章でとり上げます）のような状況の中で本人は「積極的」に仕事をしていると思いこみやりがいを感じている、というような場合もあります。

おそらく、多くの人は「隷属的賃金労働」よりは「積極的賃金労働」を、レイバー（「労働」）よりもワーク（「仕事」）を選ぼうとするはずです。さらには「はたらく」ことが、自分が生活手段を得られるような「仕事」になること、あるいは「仕事」が「はたらく」に通じるような状態を選びたいのではないかと思います。

それは、この本を手にとっている人たちであれば可能であり、本人にとっても社会にとっても望ましいことなのです。

しかし、冒頭で触れたように、「仕事は金銭獲得のための手段」と割り切ってしまうと「隷属的賃金労働」に陥りがちです。ですから、自分の仕事（労働）を見直して自分がどのように仕事（労働）をしているか、を確認し、どのように仕事をしたいのかを考えてみることは重要です。まずは自分の現状を再検討してもらうために様々な金銭獲得手段の例をあげることにします。自分の仕事（労働）と比較してみてください。

様々な金銭獲得手段

売血

日本でも1950年代から1960年代半ばまで売血が行われていました。

今の時代の人にはピンとこないかもしれませんが、五木寛之の『青春の門』（講談社文庫）などでは、「金ねえなあ、血を売りにいくか」などという場面もあります。輸血用の血液を売るということです。当時、これを繰り返していた人の血液は黄色い血といわれました。黄色は肝炎の症状である黄疸、さらに血漿自体の色が黄色であることから赤血球減少により血液が黄色く見えたことに由来します。その結果、輸血後に肝炎が発症したり、また、感染症の検査が不十分であったなどの理由で1969年に禁止されています。

完全に今の輸血制度に変わったのは1974年です。今もアメリカ、ドイツ、オーストリア、スウェーデンなどでは、血清製剤のための血漿《けっしょう》にはお金が払われています。中国ではHIV感染の例も大きくとり上げられましたが、貧しい農村では売血で生計を立てていた例もあります。このように、売血によって生計を立てることもありますが、これは積極的に選択しているわけではなく、社会の構築に関与するものでもない「隷属的賃金労働」に分類されることになるでしょう。

しかし、売血と、会社に身を売り渡して体も精神も損なう営みとの違いはどこにあるのでしょう。おそらく、会社への自己犠牲的献身は、持続性があるという点では「労働」というよりは「仕事」ということができる（会社がセーフティネットを提供してくれるという前提で）でしょう。しかし、違いはその点にしかないのではないかと思います。ということは、持続性が保証されないならば、両者に本質的な違いはないだろうと考えられます。

卵子を売る、子宮を貸す

スペインでは（世界第2位の生殖医療大国であるウクライナなどでも）生活苦から卵子を売る女性が増加しています。

確かに、子どもが欲しくても授からない人の助けにはなり、自分も経済的には助かるのですが、卵子提供には薬を大量に摂取したり、全身麻酔で手術を受けたりする必要があります。時間もかかり苦痛を伴い、なおかつ身体面のリスクもあります。

1回10万円弱もらえるのですが、それも生活費に消えていき、健康上のリスクから卵子提供は多くても6回までとされています（ウクライナでは10回行っている女性もいます。ちなみに、男性が精子を提供する場合は週1回3カ月間認められ1回5000円弱です）。

2011年の報道によれば、タイや韓国へ渡って卵子提供をする日本人ドナーも100人以上おり、60万〜70万円の謝礼が支払われているということです。医療技術の進歩による新たな金銭獲得手段といってもいいのかもしれません。日本国内では学会の方針や自主規制などで、男女産み分け、代理出産、第三者からの卵子提供は実施されないことになっていますが、多くの日本人がタイに渡っているということは、それだけ需要があるということなのでしょう。しかし、これは回数に限界があり、持続的な仕事とはなりえません。

さらに、「代理母」という仕事もあります。ウクライナでは代理出産に関するルールは簡単で、依頼者側は医学的不妊の問題を抱えていること、代理母側は年齢が20〜35歳であり、出産経験があり依頼者の親族ではないこと、さらに既婚者の場合は配偶者の同意が必要ということになっています。一般的な代理出産では、依頼者の負担は4万〜5万ドルです。専門の仲介業者が依頼者と代理母の契約を管理し、最終的に代理母には1万5000

ドルくらいが支払われるといいます。代理母はアルコール依存症になりやすい環境で暮らしている貧困層や借金を抱えている人は敬遠されます。

富裕層の中には、「子どもを産むのが夢だった」ということで金銭的な目的ではなく代理母になる人もいるそうで、代理母＝不幸とは言い切れないようです。また、不妊カップルにとっては福音といえるような医療技術の進歩ですし、実際に、日本人夫婦でもタイで代理母による男女産み分けを利用する数は年間１００組以上に上るといいますから需要はあるのでしょう。しかし、持続性という点から「代理母」を「仕事」には分類できないでしょうし、「積極的選択」といえるケースは例外的でしょう。

レンタル妻

タイではレンタル妻という仕事があります。これは普遍的に見られる風習なようで、タイに来た外国人が現地で肌の黒い少女を「レンタル妻」、すなわち現地妻とすることが多いようです。彼女らは「黒い真珠」とも呼ばれます。「レンタル妻」は妻としての役目を果たすと同時に、夫の旅行ガイドとしての役割も果たします。夫から金銭をもらい、家、食事、衣類などの面倒を見てもらいます。「レンタル妻」のレンタル期間は、1週間から数カ月、さらには一生と様々で、現地のレンタル妻を気に入った外国人は、毎年のようにタイを訪れ、数カ月間を一緒に過ごすようです。

生活費を毎月仕送りし、家や車すら買い与え、子どもをもうけることもありますが、通常は数日、数カ月経つと「返却」されて捨てられることになります。すると、彼女らはまた新たな客を探し始めるのです。

レンタル妻となる女性の多くは、家庭が貧しく、この道を選ばざるをえないようです。英語を少しずつ覚え、どうやって男性にこびるかを学び、複数の男性と同時につき合う方法を習得していきます。この世界から抜け出すことも不可能なわけではないらしいですが、多くの女性がこの世界にとどまり続けているのが現状です。

これは持続性がある例外的な場合は「仕事」とはいえるでしょうが、概して積極的選択とは言い難く、「隷属的賃金労働」に分類されることになるでしょう。

家事、子育て

家事や子育ては賃金労働ではないので、「仕事」ではないというように考えられがちでしたが、実は賃金労働的にとらえることができるというのが現在の考え方です。イヴァン・イリイチはこれをシャドウ・ワークと名づけました。定義は専業主婦などの家事労働など報酬を受けない仕事で、しかも誰かが賃金労働をすることのできる生活の基盤を維持するために不可欠なものということです。妊娠出産、子育てなどの再生産労働もこれに含まれます。

本来は消費社会化を支える隠された労働という意味合いで唱えられたのですが、私はただ子どもがそこにいるというだけのことでも、子どもはシャドウ・ワークをしているととらえるところまで延長したいと考えています。見知らぬ赤ん坊の笑顔を見て元気になる、働く気力を得る人がいるならばそれとてシャドウ・ワークだと考えられると思うのです（ソーシャルキャピタルについては最終章でとり上げます）。

家事代行業や子どもを預かる施設が値段をつけている以上、家事や子育てそのものから収入は発生しないにせよ、そのコストを稼いでいるという点で賃金労働だと考えるのも妥当なことでしょう。また、一定以上の期間「仕える」のですから「仕事」であるともいえるでしょうし、もちろん「はたらく」ことにもなります。収入が発生しないということだけで、家事は仕事ではないという見方は狭量すぎるといえるでしょう。

一般に、日本人の夫は家事を任せている妻が家事労働によって自分の収入の何割かを稼いでいるのだとはなかなか認識できないようです。家事が「積極的な」「仕事」になりうるかどうかは夫婦間（家庭内）の認識の問題といえるでしょうが、両者が家庭の外で仕事を持っている場合は一方だけがダブルワークを強いられるのは不当だといえるでしょう。

しかし、実際には共働きのカップルでは、多くの女性が家事をこなしながらフルタイムの仕事も続けており、その結果、女性のキャリアは途中で足止めされてしまい夫が出世していくのを眺めるだけになってしまうということになっています。その現状を見ると、家庭によっては家事が「隷属的無報酬労働」となっている可能性も否めません。また、今の時代、専業主婦は相当減ってはいますが、レンタル妻と同様な扱いを受けないように願いたいものです。

介護福祉士

この仕事は高齢化する社会の中で需要もますます高くなり、まさしく「はたらく」を「仕事」にする典型例といえるでしょう。人の役に立ち、また人からも感謝されるので社会貢献性も高く非常に重要な仕事です。実際にこの仕事をしている人たちへのアンケートでも「やりがい」を感じる人の割合は多いようです。

しかし、現実には、労働条件が悪すぎるという問題があります。労働内容は、非常に負担の大きな肉体労働に加えて大きな心理的負担を伴うケアであり、実際には次にあげる数字以上にサービス残業が多いようです。

週に1日以上の夜勤、日曜祝日出勤などは稀《まれ》ではなくサービス残業が常態化している施設があるのも実情のようです。

看護師も同様で、エコノミックニュース2013年3月5日号では、労働条件について看護師の実態をこうレポートしています。

「3交代制では日中の勤務を終えた後、数時間の休憩しかとらずに次の深夜勤務に入るスタイルも常態化している。たとえば朝8時半から残業を含めて19時半まで働いた後、帰宅して3時間の仮眠をとり、また夜中0時から翌朝9時までの深夜勤務を行うといった具合だ。これでは実質的に24時間以上にわたって十分な休息なく活動していることになり、日本看護協会の資料によると看護師の6割がこのような勤務を行なっている。引き継ぎはサービス残業とされる場合も多く、慢性的な疲労につながっている。先の調査（自治労連「看護職員の労働実態調査　中間報告」2011年）では看護師の実に75％が、疲れが『翌日に残る』、『休日でも回復しない』と答えた」

それでも看護師の収入は平均473万円となっており、収入ランキングでは100業種中11位ですが、介護士の場合は、収入がはるかに低く100業種中91位となっています。

厚生労働省の発表では、以下のようになっています。

・平均年齢：38・7歳
・勤続年数：5・5年
・労働時間：164時間／月
・超過労働：4時間／月
・月額給与：218、900円
・年間賞与：444、800円
・平均年収：3、071、600円

さらにこれが10人から99人の規模の施設の場合だと、介護士の年収は、統計上は年齢が上がってもそれほど変わらないようでほぼすべての年代で200万〜400万円の年収となっているようです。また、未経験者は平均年収212万1400円ということです（厚生労働省・2013年賃金構造基本統計調査）。

介護福祉士の資格を持っていない場合だ

労働条件等の不満（複数回答）

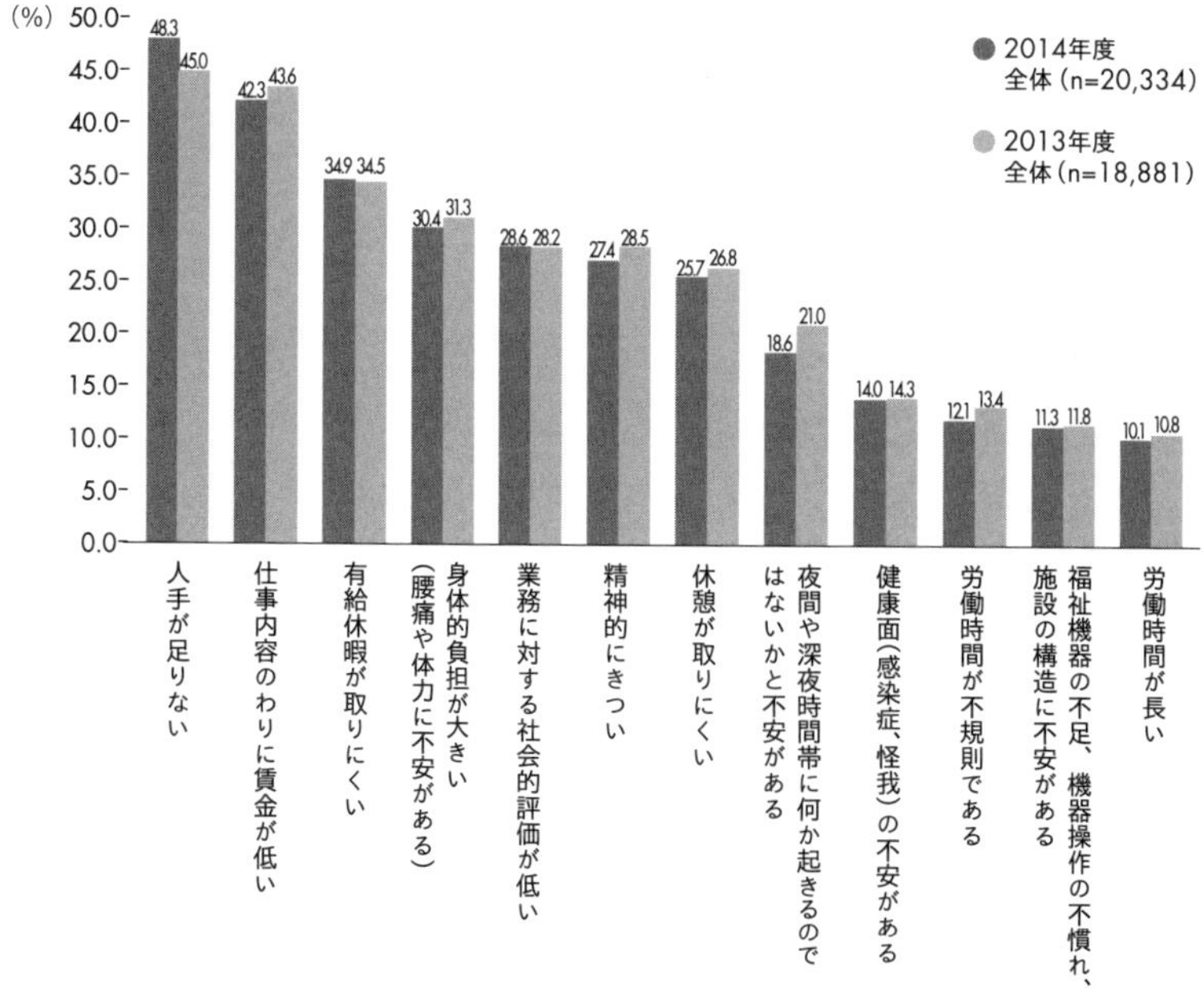

出典：介護労働安定センター・2014年度「介護労働実態調査」

とやはり200万円くらいだそうです。介護士への調査結果は31ページ下図のようになっています（介護労働安定センター・2014年度「介護労働実態調査」）。

人手不足への対策として、国はインドネシアからの看護師・介護福祉士の受け入れを推進していますが、介護を受ける世代の人たちの多くは日本人による介護を望むのではないかと思われます。また、そのことにより介護士の収入のさらなる低下も懸念されます。早急に介護ロボットの導入を進め、介護士の体力的負担を減らしつつ収入を確保することが必要でしょう。結局、せっかくの「はたらく」が賃金の低さと仕事量のために「隷属的賃金労働」へと変容してしまい、働く人の生活を蝕み、仕事として継続できないということになってしまいます。実際に、この職種の離職率は他の業種一般よりも高くなっています。

デイトレーダー

この仕事については周知のことと思います。一言でいうと為替や株の値動きをチェックしてこまめな売り買いによって利益を得る、という仕事です。実際にこの仕事をしている人たちの話では1日中取引をするのではなく（私はトレーダーという人はみんな、ほとんど1日中取引をしているのかと思っていました）1日数時間に限って取引をするという人も多いようです。

当然、海外市場を対象としているので1日中何枚ものモニターを見続けているというトレーダーもいます。これは持続的にやれるならば「仕事」といえますし、積極的に選択しているともいえます。賃金労働としても人によっては破格なお金を稼ぎますし、他人との人間関係に煩《わずら》わされることも原則的にはありません。

もちろんリスクは大きく、持続的な「仕事」にすることは、とても難しいようです。中には稼ぐお金以上にそのスリリングなゲーム性に生きがいを感じる人もいるようです。お金の実感ではなく数字が増えていくこと自体が楽しいというトレーダーの話も聞いたことがあります。そう考えると、リスクの大きさを除けば一部の人には理想的な仕事であるとさえいえるでしょう。

しかし、そこには「はたらく」はありません。稼いだお金で傍を楽にすることは可能でしょうが、その仕事そのものによって「らく」になる「はた」の人はいないのです。これは、人類の本性に反しているといえるでしょう。

もちろん、人類の本性通り生きるのが正しいというわけではありません。現代はこれまでの時代と大きく異なっていますし、様々な条件が変化しているのですから、「自然に帰る」わけにはいきません。

しかし、ある行為がホモ・サピエンスが種として共有してきた文化との乖離《かいり》が大きすぎる場合、生き物としてのストレスが過剰にかかることになるのではないかと思います（これは子育てを一人で行うことにも通じます）。ラットを使った実験によると、コンクリートの箱の中で飼うのと木の箱の中で飼う、地上50階で飼うのと1階で飼う、その結果はいずれも前者の場合にラットは気質が正常ではなくなる、凶暴化するということです。人間との単純比較はできませんが、どれほど技術が進歩しても動物としての人間の脳は本来の環境からの大きな乖離にストレスを感じるのではないかと思います。

では、労働時間以外の時間に「はたらく」ことをすればいいではないか、という反論も当然あるでしょう。その通りです。労働時間を短縮してその他の時間を「はたらく」に使うというのであれば、勝ち続ける限りこの営みは「仕事」であり「積極的賃金労働」でもあり、「はたらく」時間を作ることもできるのかもしれません。

労働時間外に「はたらく」といえば、江戸時代には「賃金労働」以外の時間に「はたらく」ことがほぼ義務づけられていました。

カセギとツトメ

江戸時代には、仕事という言葉の意味が二つあったといいます。一つは「カセギ」、これは日々の収入をもたらす仕事を指していたのですが、それを行うだけでは、一人前と見なされなかったのです。「ツトメ」は火事の消火活動や病人の看病、橋を造るといったことまで含めて共同体を維持する活動のことです。江戸時代には「カセギ」と「ツトメ」の両者を果たして、初めて一人前だったのです。

「ツトメ」は「はたらく」の中に分類できますね。今でいうプロボノもこれに近いのかもしれません。プロボノとは各分野の専門家が、職業上持っている知識・スキルや経験を生かして社会貢献するボランティア活動やそれに参加する専門家自身のことです。アメリカでは弁護士はアメリカ法曹協会（American Bar Association, ABA）によって年間50時間以上のプロボノ活動を行うことが推奨されています。

本書でも後で述べることになりますが、地域社会や国家（さらには家族も含めて）のセーフティネットの脆弱性《ぜいじゃくせい》があらわになってきている現在、自分を包摂するコミュニティが必要となっています。人間は本来群れで生きるものだからです。コミュニティ内で「カセギ」だけではなく「ツトメ」を果たすことも必要なのだという江戸時代のこの考え方は、再度注目する価値があると思われます。

隷属的賃金労働から積極的賃金労働（↓仕事）へ、さらに「はたらく」を仕事へ

心のありよう

ヤン・カールソン『真実の瞬間　SAS（スカンジナビア航空）のサービス戦略はなぜ成功したか』（ダイヤモンド社）に書かれている話を紹介します。この本は20年以上前に書かれた本ですが、今読んでも方法論以外の部分には古さがありません。ヤン・カールソンは倒産しかかったスカンジナビア航空を立て直した人で（現在のスカンジナビア航空の評判は素晴らしいとはいえませんが）、彼の言葉には今も、いや今だからこそ聞くべきものがあります。

たとえば、同書では「市場が先導するこの転換期に対処するには、『顧客本位の企業』につくり替える組織・機構の変革が必要だ。現場から隔絶した、統制的な上意下達のリーダーシップでは、企業は生き残れない」ということが述べられています。実に適切な指摘だと思います。今の日本企業に残っているような、設計グループがよいデザインを作っても社長の一言でひっくり返るという風潮の企業は生き残れないというわけですね。

本題に入ります。この本からしばしば企業研修にも引用される一節を紹介します。

花崗岩の石材を切り出していた二人の石工の話を例に引くのが、私の経験を要約する最も適切な方法だろう。石切場にやってきた男が、石工に何をしているのか、とたずねた。

一人の石工は不機嫌な表情で、「このいまいましい石を切ってるところさ」とぼやいた。別の石工は満足げな表情で、「大聖堂を建てる仕事をしてるんだよ」と誇らしげに答えた。

完成した暁の大聖堂の全容を思い描くことができて、しかもその建設工事の一翼を担っている石工は、ただ目前の花崗岩をみつめてうんざりしている石工より、はるかに満足しているし、生産的だ。

同じ賃金労働であっても前者は隷属的賃金労働、後者は積極的賃金労働（↓仕事に発展しうるもの）だといえますよね。

前者は単に自分の生活のために、やむをえず労働しているのに対し、後者は作業そのものに目的性、有意義性、達成感を見出しています。実際に大聖堂が完成すると持続性がある社会構築に貢献したことになります。同じ作業であっても、自分の行っていることに意味を見出せるかどうかが、大きな心理的相違を生むのです。

ただし、心のありようは極めて主観的なものであり、ある意味思いこみにすぎないものでもあるので、この一節はブラック企業が引用すれば次章で述べる「やりがい詐欺」につながりかねません。うまく思いこまされているだけなのか、仕事に対して積極的にやりがい、喜びを感じているのかどうか、自分の思考回路を繰り返しチェックする習慣は必要でしょう。

ゲームを仕事に

日本で初めてプロのゲーマーとなり、2010年には世界で最も長く賞金を稼いでいるプロゲーマーとしてギネスにも認定された梅原大吾《うめはらだいご》という人がいます。

1981年生まれの彼はゲームにはまり、世界大会でも優勝していますが、23歳でゲームを離れ麻雀《マージャン》のプロを目指します。その後、麻雀をやめ、介護士を経て、再びゲームの世界に戻り2009年の世界大会で優勝しアメリカの企業からスポンサー契約を申し出られてプロになりました。

その彼が、ゲームにはまった理由をこう言っています。

「なぜそこまでゲームにのめりこんだのか。格闘ゲームというのが、人と人の勝負だからです。勝負をすると、いろいろな感情が生まれてくるじゃないですか。悔しかったり、慢心したり、妬んだり、認めたり。そういう感情をコントロールするよう努力したり、みんなに恥ずかしくないように自分を高めていくことで、人と人のつながりができていくことに奥深さを感じていたんです。ゲームで遊ぶこと自体には中学生のころには情熱を失っていました」

私はゲーマーが人とのつながりを最重要なものにしているとは夢にも思っていませんでした。

麻雀の世界を離れたことについてもこう言っています。

「自分は勝負だけではダメなんだと思いました。何事も『勝負ありき』で考えてきたけれど、そこで生まれる人との関係性こそが自分を動かしていたことに初めて気づいたんです」

そして、プロとして、仕事としてゲームをやることについてはこう述べています。

「プロの意味とは何なのかというと、今はゲームを観るだけの人も多いので、自分のプレイで人の心を動かす力がプロには求められます。常に成長を目指し、どんなに劣勢でも勝つことをあきらめない。そういう姿を見た人を『よし明日も頑張ろう』とか『俺も頑張ろう』という気持ちにさせるのが僕の仕事です。

成長し続けるためには、常に自分で課題を見つけ出し、自分自身にやる気を出させることが大事だと思います。ゲームなんて特にそうで、ひとつのゲームを何万回とプレイしますから、毎日同じことの繰り返しだと思ってしまえば、とても継続できません。『自分で課題を見つけ出す』なんて言うと難しく聞こえますが、何かひとつでもうまくいかなかったことを思い出してみるといいんです。『どうすれば成長できるか』なんて頭を悩ませても、範囲が大き過ぎてムリ。でも、『ここがよくなかった』というのは確実に気づけます。それを直し続ければ、自然と成長していくという寸法です。『ほかの人に比べて自分はこの作業が遅いから、早くできるよう工夫してみよう』『あの人に嫌われているから、理解し合えるよう話しかけてみよう』など何でもいい。自分で課題を見つけてクリアしようとした時、単なる『作業』も『仕事』に変わるのだと思います」

最後の「単なる作業も仕事に変わる」というところが非常に印象的です。彼の言う「仕事」というのは積極的選択性、創造性を備えた営みということなのでしょう。単なる作業ならば、隷属的賃金労働になりかねませんが、それを自分で工夫してみようと思えるときに選択的なものとなり、そして心を動かすプレイを人に見せようと思えるときにそれは「はたらく」ことになるのです。

コンピューター上でのゲームですから、もしかしたらコンピューターのプレイヤーのほうが人間のゲーマーよりも強いのかもしれません。

チェスの世界では1997年にコンピューターのディープブルーがチャンピオンを倒しました。さらに、将棋の世界でもついには2012年1月にコンピューターのボンクラーズ（現在はプエラ・アルファと改名しています）が米長《よねなが》永世《えいせい》棋聖《きせい》に勝ちました。それは、コンピューターが人間にとって代わるのかと思われるシーンでした。しかし、開発者の伊藤英《いとうえい》紀《き》氏自身、仮にコンピューター将棋が人間を超えたとしても、将棋界が衰退することはないと見ているようです。実際、プロに聞くと棋士にはそれぞれ棋風というものがあって、打つ手を見るとその人らしさがわかるといいます。勝負の世界ではありますが、おそらくゲーマー同様、そこには人間同士のコミュニケートがあり、テレビなどで放送されている対局も見る人が見れば感動的なストーリーなのでしょう。

コンピューターの技術革新による失業、なくなるであろう仕事については第2章でとり上げますが、人間がコンピューターに勝てる領域はどんどん少なくなっています。

しかし、仕事（あるいは人）にどう向き合うか、ということを決定できるのは人間だけだと思います。仕事への接し方の自己決定権を失うと隷属的賃金労働となり、心身を蝕む原因となりかねません。

新幹線のカリスマアテンダント　～機械的賃金労働から積極的賃金労働へ

テレビでも紹介されたことがありますが、山形新幹線のカリスマアテンダントの齋藤《さいとう》泉《いずみ》さんと茂木《もき》久美子《くみこ》さんについて紹介します。齋藤さんは、『またあなたから買いたい！カリスマ新幹線アテンダントの一瞬で心をつかむ技術』（徳間書店）という本を、茂木さんも『買わねぐていいんだ。』（インフォレスト）という本を出されています。どちらの方も車内販売で平均の3倍から4倍の売り上げを出しています。

東京―山形の1往復における1人あたりの平均売り上げは、7万～8万円であるのに対して、茂木さんは2010年に新庄―東京の片道で54万円を達成しました。齋藤さんは、全席400席の乗客に187個の弁当を売るという驚異的な記録を達成しました。

二人とも正社員ではなくパートのアルバイトとして雇用されています（2年ごとに契約更新）。二人とも同じようなタイプというわけではありません。むしろ対照的な性格らしく、齋藤さんは茂木さんのことをこう述べています。

「彼女は天才で『スナック久美子』といわれるほど人づき合いが上手。私は正反対で人づき合いが大の苦手。でも、だからこそ人のことが気になって、何を考えているかが気になる。このことが観察力を磨く上で役に立ってるんでしょうね」

茂木さんは2012年に退職し、今は講演・セミナーを中心に活躍しています。

私も新幹線に乗る機会はとても多いのですが、多くのアテンダントは笑顔もなく時には呼びとめられるのを拒《こば》むような調子で車内を歩いていきます。ワゴンを押して歩けば自分の職務は果たしているのだと思っていそうな印象を受けることも多々あります。

新幹線の移動中、一度しか会うことがない可能性の高いお客さんたちにバイトとして弁当や飲み物を販売するというのは個人差が出にくいように思われます。しかし、彼女たちはそれを自ら楽しめるものにし、素晴らしい成績をあげました。

齋藤さんの場合は、「食べやすい弁当を提案する」や「次の駅で入荷する弁当の予約を受ける」などから、売れる弁当を商品開発するということへと、上司を粘り強く説得しながら仕事を広げていきます。6年勤続の今も2年契約のパートなのですが、それでも様々な壁（まず自らの結果を出す）を乗り越えて、「文句」ではなく「提案」として受けとってもらえるように努力し、さらに、1人のカリスマがいるよりは後輩を育ててみんなで実績をあげるほうがよいという考えで後輩を育てます。

「上司を動かすためには、まずは自分の仕事をしっかりやり遂げなければならない」という言葉には説得力があります。

さらに、「〝もう二言目〟を添えることで豊かなコミュニケーションと、ひいてはお客様の潜在的なニーズを引き出す」。たとえば、客が弁当を買い求める際には「お土産でしょうか」と聞く。すると客は〝弁当をお土産にできる〟ことに気づく。こうしたコミュニケーションが、客に「もう一度彼女から買いたい」と思わせるのです。

これらの本には売り上げのコツなどもいろいろ書かれているのですが、共通する秘訣は「お客様の視点に立つ」、つまりは「自分のしてほしいことを相手にしてあげる」という極めて基本的な原点であり、今多くの人が忘れていることです。それを一つずつ根気よく積み上げていく。それが客の心を読み、行動を予測することへとつながっていきます。

これはまさに「はたらく」を「仕事」にしているといえるでしょう。「はたらく」を本人が楽しめることも機械的労働に陥らない秘訣なのです。

そうして、おうおうにして隷属的賃金労働になりかねない車内販売を、自らそして他者にも喜びを与える仕事にしているのです（残念ながら2015年3月にJR東日本の新幹線のいくつかの路線での車内販売が終了しました。駅の売店の充実のため不要と判断されたようです）。

人を笑顔にすること、そのこと自体が空間に温かさを生み出し、それが報酬を生むことで自分の生活を支えることになる、というのは「はたらくを仕事にする」ことの本質ともいえるでしょう。

隷属的賃金労働に向かわないために

では逆に、仕事が隷属的賃金労働に変わってしまい、自らを、そして他者をも蝕んでしまう例をあげましょう。仕事に何の興味も喜びも見出せないと仕事は即、隷属的賃金労働に変わってしまいます（逆に仕事に熱心になりすぎる仕事中毒も危ないのだということは後で述べましょう）。

それは行っている業務の内容によって決定されるわけではありません。たとえば、会社でコピーとりばかりやらされるとしても、工夫の仕方でその精度もスピードも変わってきますし、そこに自分の変化を見てとることもできます。自分の向上を楽しむこともできます。「どう働くか」は自分で選択できることなのです。

極めて単純な作業に見えても実際にやらせてみると個人差はとても大きいのです。おそらく能力の問題というよりも仕事に対する姿勢の問題だろうと思われます。どうしたらうまくできるかを考え工夫して問題点を解決しようとする人と、時間も短縮できず毎回同じようにミスをし続ける人との間には日々違いが生まれていきます。後者の場合、隷属的労働への道を自ら選んでしまっているといえるでしょう。

職場でのストレス

しかし、隷属的労働に向かわせるのは個人の意識の問題ばかりではなく労働環境も大きな要因となります。そして、隷属的労働を続けていると人の精神は蝕まれます。

現在、仕事や人間関係のストレスによって作業能率の低下や職場忌避に陥る「社内うつ」が社会問題化しています。うつの主な症状は、眠れない、食欲がない、一日中気分が落ち込んでいる、何をしても楽しめない状態が続くことです。原因は多様

悩み、ストレスの有無及び内容別労働者割合　（単位:％）

悩み、ストレスの内容（3つ以内の複数回答）									
昇進、昇級の問題	配置転換の問題	雇用の安定性の問題	会社の将来性の問題	定年後の仕事、老後の問題	事故や災害の経験	その他	不明	強い不安、悩み、ストレスがない	不明
(18.9)	(8.6)	(15.5)	(22.8)	(21.1)	(2.1)	(8.2)	-	39.1	-
(23.2)	(8.7)	(12.8)	(29.1)	(22.4)	(2.3)	(6.0)	-	39.9	-
(13.7)	(8.3)	(18.7)	(15.0)	(19.6)	(1.9)	(11.0)	-	38.1	-
(21.3)	(10.1)	(9.7)	(26.5)	(21.4)	(1.9)	(7.7)	-	35.9	-
(18.7)	(2.2)	(44.2)	(12.0)	(29.4)	(4.2)	(8.5)	-	37.3	-
(6.2)	(5.7)	(20.6)	(10.5)	(13.6)	(1.7)	(11.0)	-	54.7	-
(9.6)	(0.0)	(60.4)	(3.8)	(15.7)	(1.7)	(7.1)	-	31.9	-
(0.2)	(1.0)	(34.7)	(37.8)	(34.0)	(8.4)	(26.7)	-	51.4	-
(21.2)	(8.1)	(12.8)	(22.7)	(21.2)	(2.3)	(9.3)	(0.1)	41.2	0.8

出典：厚生労働省・2012年労働者健康状況調査

ですが、景気後退による経済的な不安や、職場、家庭、人間関係など、あらゆる角度から襲ってくるストレス、長時間労働による過労から発症するといわれます。「解雇不安」も大きなストレス要因となっています。使命感や達成意欲の強さから、「隠れ疲労」を蓄積、過労死を起こしてしまう会社員もいます。

　厚生労働省の「労働者健康状況調査」（2012年実施）では、現在の仕事や職業生活に関することで強い不安、悩み、ストレスとなっていると感じる事柄がある労働者の割合は60・9％（2

仕事や職業生活に関する強い不安、

区分	労働者計	強い不安、悩み、ストレスがある		強い不安、		
			仕事の質の問題	仕事の量の問題	仕事への適正の問題	職場の人間関係の問題
平成24年	100.0	60.9	(100.0)	(33.1)	(30.3)	(20.3)	(41.3)
男性	100.0	60.1	(100.0)	(34.9)	(33.0)	(19.6)	(35.2)
女性	100.0	61.9	(100.0)	(30.9)	(27.0)	(21.0)	(48.6)
（就業形態）							
正社員	100.0	64.1	(100.0)	(35.0)	(32.9)	(20.8)	(37.9)
契約社員	100.0	62.7	(100.0)	(26.4)	(25.8)	(21.2)	(40.4)
パートタイム労働者	100.0	45.3	(100.0)	(28.1)	(20.5)	(13.6)	(64.1)
派遣労働者	100.0	68.1	(100.0)	(27.1)	(13.0)	(35.7)	(37.3)
臨時・日雇い労働者	100.0	48.6	(100.0)	(-)	(31.3)	(25.5)	(41.8)
平成19年	100.0	58.0	(100.0)	(34.8)	(30.6)	(22.5)	(38.4)

007年調査58・0％）となっており、また、強い不安、悩み、ストレスを感じる事柄の内容（3つ以内の複数回答）を見ると、「職場の人間関係の問題」（41・3％〈同38・4％〉）が最も多く（29歳以下に絞るとさらに多い）、次いで「仕事の質の問題」（33・1％〈同34・8％〉）、「仕事の量の問題」（30・3％〈同30・6％〉）となっています。

上司との飲みを断れる環境を　～本当に「仕方がない」のか

労働環境について考えることは、自らの身を守る上で不可欠の事柄だといえるでしょう。ここでは、「行きたくないと思っている社内の宴会に行かざるをえないと思い、そうしたつき合いの中で気持ちをすり減らしていく」ような労働環境をとり上げてみます。

上司との飲みに無理やりつき合わされて自慢や愚痴やカラオケをうんざりしながら聞いている時間は部下の労働の質を落とすことになる、ということにさえ気づかない上司が幅を利かせている会社は、あるいは部署は、いずれ崩れていきます。

もちろん、やりたくないことをやる、不当なことを受け入れるという力はとても重要で、いやだからといって即逃げるのは間違っています。

しかし、いやなことを受け入れてひたすら我慢し続けるということが習慣化すると、無意識のうちに自分を失っていきストレスはたまり続けていきます。

こうした、いわゆる飲みを強要するような空気が支配する状況においては、その状況を一度は受け入れた上で、多少なりとも状況を変えていこうと努力するか、その場に見切りをつけて他へ行くかを検討するほうがよいでしょう。

そういうとき、「仕方がない」という言葉で自己正当化してあきらめてしまう、あるいは自分のうちに抱え込んでしまう人が多くいますが、本当に「仕方がない」のかどうかは考えてみるべきです。「仕方がない」と思う人が多くなるとその集団自体が自浄能力を失い腐敗していくことにもなります。

「仕方がない」という人たちは、おそらくそのシステムの中にとり込まれていて外部があるということが見えなくなってしまっているのでしょう。同じ会社内でも他の部署もある。同じ業種でも他の会社もある。情報を受信発信しやすいネット社会なのですから、相談する先を見つけることも容易ですし、他の会社の労働環境についての情報を入手することも可能ですし、同じような問題を抱えている社外の人とつながることも可能です。

問題を解決しようと上司と向き合うだけではなく、社外の人とつながることで外から会社を変えようとしていくことも不可能だとは言い切れません。あの会社はこうなのだ、ということがどんどん外部から突き上げられてしまうと、会社だって変わらざるをえない。模索すれば「仕方はある」かもしれません。「仕方がない」という言葉であきらめてしまう習慣をやめれば、自分の置かれた場所を客観視し、可能性を見出せるのではないかと思います。

有名なブロガーたちの中には「いやならすぐに辞めてしまえ」という人もいますが、その言葉に変に勇気づけられて仕事を辞めてフリーになって自滅しても、煽《あお》った人たちは何の責任もとってくれません。アウトソーシングを引き受けるという形でのフリーランスのリスクは非常に大きいのです。独立すると自分の注文を自分でとってこないといけなくなりますが、発注する側からすればいくらでも代わりはいるし、相手が個人ならば発注先を切り替えることに躊躇《ちゅうちょ》しないからです。

「相手の機嫌を損ねたら仕事を失うことになる」など、会社の中にいるより人間関係に縛られる可能性はあります。会社の人間関係の辛さからフリーランスになったのに、個人ベースでより面倒な人間関係を要求されることになりかねないのです。クラウドワーク（第4章）を利用するという選択肢もありますが、流動性の高い社会で生き残れるほどのスキルを持っていないならば、会社に残ってスキルを身につけることを先行させるほうがいいでしょう。

「いやならば辞めてしまう」のではなく、「いやならば辞めることも可能なのだ」と考え、その可能性を留保しつつ、今の問題に向き合ってみる。たとえば、学校でいじめられたとき、いやならば、転校する（親を説得する必要はありますが）とか学校に行かないという手もあると考えた上で問題解決法を探ってみる。人は自分のいる状況が閉塞したときに「そこしかない」と思いがちで、その空気に縛られてしまいがちなのです。中の空気に支配されてしまわずに、外部とつながってみる。「空気を読み」ながらもその空気に支配されずに、「空気を変える」ための可能性を手繰り寄せようとすることが大切なのだと思います。

どうしても無理ならば固執しない

それでもどうしても抜け出せないならば勇気を持って外に出ましょう。会社を辞めるのは確かにリスクといえますが、大きなストレスを抱えながら会社に居続けることは身体的にも精神的にも大きなリスクとなります。さらには新しいことにチャレンジするチャンスを失っているという可視化されないリスクも引き受けていることになります。いつまでも悩んでいると今度は決断ができない自分への自己嫌悪まで生じてしまいかねません。視野を広げて今の会社に縛られない生き方の可能性を考えてみることも必要です（様々な働き方の可能性については第4章で詳しく述べます）。

稼ぐために生活を犠牲にしてしまうか、働くことで生活を豊かにするか

生活するためにお金を稼ぐ必要はありますし、仕事はそのための手段です。

しかし、仕事の仕方によっては生活そのものを犠牲にすることになりかねません。会社内での出世・保身のために「生活」を犠牲にするのであれば、実は犠牲にするもののほうが大きいかもしれません。たとえば、そのために家族を顧みなくなることで家族内での信頼を失うことなどはかなり致命的打撃になるといえるでしょう。もちろん自身の肉体的、精神的健康を犠牲にしてしまうならばお金を稼ぐこと自体意味を失ってしまいます。ある程度以上になると収入が上がっても本人の幸福度には差が生じないというリサーチの結果（世帯年収7万5000ドルがボーダー）もあります（現代日本においてはそのボーダーはもっと低いのではないかと私は思いますが）。

ちなみに、「富と名声を得たいという願望を持つ若者は、自己受容や、家族や友人、そしてコミュニティ意識に願望が向けられている若者に比べて、うつ状態になりやすく自尊心も低い」と指摘している心理学者もいます。

もちろん大金を稼ぐこと自体を否定するつもりはありません。積極的に選択した「はた」を「らく」にする仕事で大きな収益をあげ、それによってさらに「はた」を「らく」にできるようになり、自分も大きな幸福感を得られる、というのは起業する人たちの理想といえるでしょう。

今、問題としているのは大金を稼ぐことではなく、「稼ぐ」ために生活を犠牲にしてしまい、「はたらく」ことから得られる幸福感を感じることができなくなってしまう、という結果につながる仕事の仕方なのです。

仕事が隷属的賃金労働に向かわないためのキーポイントをまとめます。

個人の仕事に対する向き合い方（仕事の中に、持続的に「はたらく」喜びや意味を見出せること）、労働環境に対する見方、つまり常にその外部があり、環境を変えることに働きかけることも、今とは異なる環境に移動することも可能なのだという見方が必要です。

賃金奴隷になってしまうのではなく、「はたらく」が生活を豊かにするような仕事の仕方を選びとりたいものです。

自分がどういう仕事の仕方をしているか、どういう仕事の仕方を望むか、そういうことをしっかりと見直してみることがこれからの生活に大きな影響を与えることになるでしょう。多くの人にとってある一定の年齢まで勤めたら後は年金で悠々と暮らせる、という時代ではなくなってきている社会背景も考慮して、自分の仕事の仕方を選択してほしいと思います。

しかし、現実はそれほど甘くはない、という人もいることでしょう。

ということで、次章「見たくない現実を見る」で現実を分析することにします。

余談 賃金奴隷になるよりは節約、という手も。現代社会ならではの意外な節約

現在、経済的上昇志向と逆行するような生き方への志向も高まっています。過剰なものや情報に束縛されずにシンプルに自分らしく生きようという動きです。極限までものや情報を減らして生きるスタイルをミニマルライフといいます。人生において過剰なものを捨ててしまって、一番大切なものだけにフォーカスすることで幸福感、満足感、自由を手に入れようという考え方です。過剰なものや情報を減らして生活をシンプルにするだけでなく、今という瞬間にフォーカスすることで発想もシンプルにしよう、というところまで発展させる人もいます。

ライフスタイルの根本的変更とまでいかないまでも、現代社会では、切り詰めようと思えば切り詰められる出費も意外に多いのです。

たとえば、以下は「タダヤサイドットコム」サイトの紹介文です。

「このサイトは私の地元である群馬県・埼玉県北部を中心とした生産農家様と共に立ち上げたサイトです。我々の地元では収穫量が多すぎたり、少しの傷だけでも正規品にならず規格外商品として出荷することが出来ません。

例えその様な商品であっても大都市のスーパーマーケットに陳列されている商品よりも高品質で鮮度も高い事が多く、既存流通の企画（注：規格）に適合しないというだけで商品価値は一気に低下しま

す。

我々はそれらの商品を世の中の皆さんに知っていただく為に無料にてプレゼントとして味わっていただき本当のおいしさを認識していただきたいと思っております。

当社サイトに提携頂いてる農家様は皆一生懸命農産物を生産しているこだわりの農家様ばかりです。

その農家様のＰＲにつながる事も我々の目的でもあります」（原文ママ）

また、意外なところでは無料でパンツを手に入れることもできます。無料会員登録するだけで完全無料（送料も無料）で自宅に届けてくれる画期的なサービスが「フリパン」（「FREE PANTS（フリーパンツ）」の略）です。素材は綿95％・ポリエステル5％、無料で提供できる理由は、パンツにいろいろな企業のサービス広告が入っているからです。ただし「広告主のターゲティングに合わせて配送しておりますので、届かないユーザー様もいらっしゃいますので、予めご了承下さいますようお願い申し上げます。現在、ユーザー様からの貴重なご意見から、システム改善を行っておりますので、今後ともフリパンの応援の程、よろしくお願い申し上げます」ということです。

完全にわき道にそれますが画像を。

居酒屋「がるがる」のフリパン

THE ESSENCE OF WORK

CHAPTER2

第 2 章

見たくない現実を見る

労働環境の現状

世界の失業者は2億人以上

まず、現在の状況をざっと確認しておきましょう。国際労働機関（略称はＩＬＯ、本部はジュネーブ）は、２０１４年の世界の失業者が推計で前年比１２０万人増の2億１３０万人、失業率は前年とほぼ同じ5・9％だったとの報告書を発表しました。

ＩＬＯは、このまま推移すれば２０１５年だけで世界の失業者は３１０万人増え、19年には2億１２２０万人に達すると警告し、雇用情勢はさらに悪化する恐れがあるとして各国に一層の対策を促しています。失業者の定義は原則15歳以上の求職活動をしている、またはしていた職がない者ということで、求職活動をしていない者、働く意思のない者、専業主婦、学生などは含まれていません。

そのうち15歳以上25歳未満のいわゆる若年失業率では上位からボスニア・ヘルツェゴビナ60・40％、ギリシャ58・40％、スペイン57・30％（２０１４年発表）となっています。日本は６・８％です。

劣悪な労働環境の例

また、失業状態になければそれでいいというものでもありません。労働環境によっては「はたらく」どころか「隷属的賃金労働」によって健康も生活も損なわれていくことになりかねません。

通販最大手アマゾン・ドット・コム（この本をアマゾンで入手した人も多いかと思いますが）の配送センターを例にとり上げてみます。日本では、倉庫付近の草を食《は》む要員としてヤギを何頭か採用したということが話題になりました。ヤギに人間と同じ社員証を首から下げさせているということですが、配送センターでの労働条件はそのヤギさんたちよりも過酷といわれています。

ジャーナリストのジャン＝バティスト・マレが２０１２年フランスのアマゾン配送センターに臨時工として勤務して書きあげた『アマゾン、世界最良の企業潜入記』（Fayard）という本があります。その本の内容を参考に配送センターの労働環境を簡単にまとめてみます。ただし、すべてのアマゾンの配送センターに当てはまるというわけではないと思います。

郊外に置かれた配送センターにとって最大のテーマは顧客の注文を受けてから発送まで、商品の移送にかかる時間をたった20分に短縮することとされています。作業する場の中には、窓も通路もエアコンもなく、夏には気温が40度を超え、体調不良になる人がとても多いところもあり、作業中に床に倒れて木の板に載せられて（担架もないため）救急車で運ばれたという例もあげられています。また、フランスでは２０１１年、モンテリマール（ドローム県）の倉庫で寒さが従業員たちを苦しめました。彼らはパーカに手袋、ボンネットという服装で働くことを強いられ、それで12人ほどがストライキに入り、暖房を獲得することになったという例もあります。

アマゾンの配送センターはどこでもほぼ同じような位置環境に置かれています。その建設地がどの国であろうと似通った造りをしています。高速道路のインターチェンジに近く、失業率が高い地域に位置しており、一様に鉄板でできた四角い建物は、広さが10万平方メートルを超えるものもあります。労働システムも世界中同じようなもので、警備会社の厳しい監視下に置かれています。センターでは大型トラックが動き回り、従業員たちが、３

分ごとにセミトレーラーを荷物でいっぱいにするという作業を続けています。また、その作業に伴う歩行距離は人材派遣業者が言うには一回の勤務時間につき20キロメートルということですが、実際にはそれを超えるものだと組合側は主張しています。その結果、疲労しきった従業員が転倒する、体調不良を訴える、ベルトコンベア上で指を切断する、通勤中の死傷事故に遭うといった労働事故が非常に多いと指摘されています（あくまでも組合側の主張ではありますが）。

彼らは企業内規則により労働中に喋ることは禁じられており、厳しく監視されています。また、盗みの可能性があると見なされ、警備員による綿密な検査を受けねばなりません。帰宅時も、休憩時も、検査装置を通過する必要があり、その検査には相当の時間がかかるので、休憩時間は短くなりますが、帰宅時、検査後にタイムカードを打刻することは許されていません。さらに仕事に関して家族や友人、そしてジャーナリストに話すことも固く禁じられています。

一人ひとりの動きはそれぞれが身につけたスキャナーによって厳しく監視されます。効率が悪いと訓練を受ける必要があると警告されます。その個人個人の労働効率データはシアトルに送られ、そこで集約されます。さらに相互監視をさせ異常を報告させます。「異常」には勤務中に喋ったとかアマゾンを批判したとかいうことも含まれ、その報告によって当人は罰せられることになります。そのような労働環境下でありながらアマゾンのどの配送センター内にも「懸命に働こう、楽しもう、時代を創ろう」というアマゾンのスローガンが貼ってあるのです。

さらにひどい例では、ドイツの配送センターで働く外国人労働者が、ネオナチに監視、恫喝され、給料をピンハネされ、宿を追い出されるなど、「非人道的な環境」で働かされていたというレポートもあります。

当然、組合側が沈黙するはずもなくストライキや訴訟は後を絶ちません。会社側はストを行う組合員に対して次のような仕打ちをしたとの報告があります。

「私は組合員というだけの理由で、仕事の時間中に勝手な理由をつけて身体検査をされました。それを拒むと、イスに座っているように言われました。表向きは警察が来るまでですね。みんなの前で、6時間座ったままです。警察は来ませんでした。次の日も、その次の日も、私に同じようなことをしようとしたので、組合は告訴しました」

一方だけの主張を載せるのも不当かと思われますので、BBCの記者がアマゾンに潜入したレポートについての質問に対するアマゾンの広報担当者のコメントも紹介しておきます。

「わが社は従業員の安全を最優先にしており、法令および雇用法をすべて順守しています。

第三者的立場にある法律、健康および安全面の専門家より、当社の作業過程は整然かつ確実に法に準拠したものであるとの評価を得ています」

「独立した専門家の意見では、ピッキング作業はほかの多くの業界における同様の作業と似たようなものであり、精神的および身体的な疾患の恐れを増加させるものではないとのことです」

「生産性目標は、これまでの労働実績に基づいて客観的に設定されています。当社発送センターの職務には、肉体的に負担の大きいものも含まれているため、関連するポジションの求人および採用の際は、その点を明確にしています。活動的な作業内容を好み、自らそういった職務を希望する従業員もいますが、肉体的に負担の少ない作業を好む従業員に適した仕事も用意されています」

このような労働環境は変化していくであろうと思われます。労働環境が改善されるということもあるでしょうが、それ以上に、労働者が職を失うことになるだろうと思われるからです。アマゾンが彼らを雇っている理由は現段階でロボットよりも安く使えるということが第一に考えられます。アマゾンは、キヴァ・システムというロボット会社を２０１２年に7億７５００万ドルで買収して以来、倉庫に小型の自動機械の設置を進めています。それは高さ30センチメートルの直方体で、たとえば積荷を移動させるために棚の下に入ることができ、400〜1300キログラムの重さに耐えることができます。このロボットが普及すれば配送センターで労働する従業員はその劣悪な労働環境から解放されることになるでしょう。それはもちろん解雇を意味し、失業者の増加を引き起こすことになるわけですが（ロボットが職を奪うということについてはこの章の後半で説明します）。

ここでは、アマゾンの例だけをとり上げましたが、アマゾンに限らず、オンライン小売店の商品をとり扱う巨大倉庫という点ではアメリカのアマルガメイテットなどの労働環境も同様であり、アマゾンだけが特別にひどいというわけではありません。

アマルガメイテットは、労働者を非人格化するために、「軍隊と同じように、まず人格を壊してしまい、それから自分たちの望み通りの人間を作り出す」と言われるような雇用が行われていると指摘されました。

私たちがワンクリックで商品を簡単に迅速に購入することができるということの背後にはこうした労働環境が存在しているのだということは知っておきたいものです。

そして最後に私たちに配達をする宅配も、とても厳しい労働環境によってギリギリのところで成立しているのです（横田増生『仁義なき宅配　ヤマトvs佐川vs日本郵便vsアマゾン』小学館）。

日本におけるブラック企業

では、日本においてはどうなのでしょうか。日本では2014年の完全失業率は3・58%となっており世界で93位、失業率だけを見るとそれほど危機的状況には思えません。しかし、やはり劣悪な労働環境は存在しており、それが常態化した企業はブラック企業といわれています。

ブラック企業とはもともとはその名の通り、暴力団などの反社会的勢力とのつながりを持って違法行為を行う会社を指していました。現在では劣悪な労働環境の下で社員を働かせる会社一般を指すようになっています。特徴として、長時間労働させ、時には無報酬で残業させる、しかも残業時間が厚労省の定める月80時間という過労死ラインを超えることが常態化されている、病気や親族の死など正当な理由があっても休みを認めない、パワハラやセクハラが横行している、などがあげられます。

厚労省も2013年9月に「ブラック企業」と思われる5111事業場について監督を実施しました。その結果、82%に当たる4189事業場が、違法な働かせ方をしていました。

具体的には、違法な残業が約44%。賃金不払い残業をさせていたのが約24%。1カ月100時間を超える残業を行った場合に医師の面談を受けさせていなかったなど、過重労働による健康障害防止対策がとられていなかったのが1・4%ありました。また、健康障害防止対策や労働時間の把握が不十分で指導を受けた事業場は、それぞれ20%を超えています。

悪質な事例では長時間労働で精神障害を発症し労災請求しているのに、その後も月80時間を超える残業をさせていた、社員の7割を管理職として残業の割増賃金を支払っていなかった、賃金が約1年にわたり支払われていなかった、などがあげられています。

ブラック企業的労働条件と過労死の例

過酷な労働条件の下でうつ病に陥ったり過労死が生じたりすることは特殊なことではありません。見たくない現実を見るという章でもあるので、過労死の実例をあげておくことにします。

以下は、ブラック企業大賞2014年を参考に要約しています。

1. 株式会社 大庄（居酒屋チェーン「日本海庄や」）

株式会社大庄は、東証一部上場企業、従業員3000人規模、「庄や」「やるき茶屋」「日本海庄や」など全国に約860店舗の居酒屋チェーンを展開している。「日本海庄や」では、2007年に、24歳の若者（Aさん）が過労死している。Aさんは、新入社員として関西地方の「日本海庄や」の調理場に配属され、わずか4カ月後、急性心不全により自宅で死亡した。労働基準監督署が彼の死亡を過労死と認定したことを受け、Aさんの両親は、損害賠償を求めて株式会社大庄と代表取締役ら4人を地裁に提訴した。判決では、会社と役員4人に対し、約7860万円の支払いを命じている。

大庄は初任給に過労死の労災認定基準（過労死ライン）である月80時間分の残業代を組み込んでおり、裁判ではAさんの死亡前4カ月間の総労働時間は1カ月平均276時間で、時間外労働は平均112時間だったと認定されている。

2．JR西日本（西日本旅客鉄道株式会社）

次は、2012年に、JR西日本で28歳の若者（Bさん）が過労自死した例。Bさんは、大学院修了後の2009年に総合職としてJR西日本に入社、2011年6月から関西地方の工事事務所で、信号システムの保安業務などを担当していた。そこでは昼夜連続勤務や休日勤務を繰り返し、約半年が経ってからは、残業時間が毎月100時間を超過するようになった。自死直前の2012年9月には残業時間は月160時間を超え、その他の月でも最長で250時間を上回る残業をしていた。Bさんの担当していた保安業務は、乗客の安全のためミスが許されない責任の重い仕事であり、ただでさえ過酷な長時間労働をしているBさんを精神的にも肉体的にも追い込んでいく要因となった。このような過重労働の中でBさんはうつ病を発症し、2012年10月、マンションの14階から身を投げ自死した。

両親と妻は労働基準監督署に労災申請し、労災が認定されている。

3．株式会社 ヤマダ電機

三つ目にとり上げるのは、2005年2月に家電量販店として日本で初めて売り上げ1兆円を達成、2014年3月期には連結売り上げ1兆8939億円、同純利益186億円を計上し、3万2671人（13年3月期時点）の従業員を抱える、日本最大の家電販売業者ヤマダ電機の社員が自殺した例である。

2007年9月19日、信越地方にある同社の郊外型店舗「テックランド」に勤務していた当時23歳の男性社員（Cさん）が、過労の末に社宅で首を吊り自殺した。

2004年12月に契約社員としてヤマダ電機に入社したCさんは、亡くなる1カ月前の2007年8月16日に正社員に登用された。同時に、9月21日に新規開店予定だった「テックランド」のオーディオ売り場の「フロア長」になるよう命じられ、23歳で正社員未経験ながらいきなり「管理職」として扱われた。ヤマダ電機では8月16日以降、Cさんに出勤時刻は打刻させていたものの、退勤時刻を打刻させていなかった。

その後、Cさんの自殺は労災認定された。労働基準監督署は、関係者の証言や警備記録などから男性が自殺する直前1カ月間で少なくとも106時間21分の残業をしていたと結論づけた。亡くなる前の1週間の時間外労働は47時間30分と極度に多いことが認められている。

なおヤマダ電機では、約10年前、当時29歳の契約社員が上司からの罵倒の末に自殺に追いやられたとして、遺族から損害賠償を求めて提訴されている。さらに、2年前に、東北地方のテックランドの店長が営業不振に苦しんだあげく、架空売り上げを計上して自殺に追い込まれたとの報道（「週刊文春」13年12月19日号）もある。「週刊文春」が入手したヤマダ電機の内部資料によると、2013年9月7日以降の4週間で、残業時間が40時間を超えた従業員は全国607店舗で1819人。さらに46人の店長が、厚生労働省の定めた「過労死ライン」（残業時間が月平均80時間）を超えているという。

4．株式会社A-1 Pictures

四つ目の事例は、東京都のアニメーション制作会社であり、ソニー・ミュージックエンタテインメント傘下の映像企画・制作会社アニプレックスの100％子会社として2005年5月に設立された「A-1 Pictures」社員の自殺である。

同社は、これまでに、『おおきく振りかぶって』『黒執事』『かんなぎ』『宇宙兄弟』『聖☆おにいさん』などの作品を制作している。

２０１０年10月、当時28歳の男性社員（Dさん）が都内の自宅アパートで自殺した。Dさんは、２００６年から２００９年12月まで同社の正社員として勤務し、在職中は『おおきく振りかぶって』『かんなぎ』などの制作進行を担当した。同社にはタイムカードなどで労働時間を管理する仕組みはなかったが、Dさんが退職後に通院していた医療施設のカルテには、「月６００時間労働」などの記載があり、残業時間は多いときで月３４４時間に上った。７日間連続で会社に泊まったり、3カ月休みがなかったこともあったというが、残業代が支払われた形跡はなかったという。

Dさんの自殺は労働基準監督署が労災認定している。男性が在職中にうつ病を発症しており、発症の2〜4カ月前に少なくとも月１００時間を超える残業があったと認定している。

アニメ制作は多くの若者が志す人気職種となっている一方、日本アニメーター・演出協会が２００８年に７２８人を対象に行った調査では、アニメーターの賃金は年収２００万円未満が9割で、労働時間管理がなされず、社会保険も未加入という事例が多数あったとされる。「好きな仕事をしたい」という若者の心理につけ込むことで、劣悪な労働を甘受させる「やりがい搾取」の象徴的事例といわれている。

ブラック企業が問題視される中での活動

このような環境の中で働いていても、単独ではなかなか声を上げられないものです。外部に自分を支援してくれる団体があるのかは知っておきたいものです。ブラック企業を公にさらしていく団体もありますが、大学や高校で労働法教育の出前授業を行っている団体もあります。

社会保険労務士らで作るＮＰＯ法人「あったかサポート」（京都）という団体は、２００６年から労働条件を知るための求人票の見方など実践的な労働知識を教えるほか、困ったときの対処法や相談窓口を紹介しています。あったかサポートの笹尾《ささお》達朗《たつろう》常務理事は、偏ったキャリア教育に疑問を投げかけ、「これだけ若者の雇用が悪化しているのに、希望や夢だけ教えるのは無責任。学校教育の中で、身を守るすべや働くリスクまで教えるべきだ」と言っています。

今若い世代が置かれている労働環境は、決して望ましいものではありません。連合総研の調査によると、20代の4人に1人が、勤め先がブラック企業だと認識しており、特に残業時間が1カ月60時間以上になると、4割がブラック企業だと考えていました。さらに、ブラック企業に勤めていると考える人の3割は、長時間労働で体調を崩した経験があり、ブラック企業だと認識する正社員の約5割は、年収４００万円未満でした。日本は長時間労働に加え、有給休暇の取得率は2013年で47・1％と、主要国に比べて極端に低いのが現実です。

このため、体調を崩す若年層も多く、2014年度に精神障害を理由に労災が支給された人の50・5％は30代以下でした。違法と思う働き方では「残業代の不払い」と「有給休暇をとれない」があげられていますが、違法と認識しても、20代、30代は「何も行動しない」との答えが男女ともに3割を超えていました。中でも「行動しないで仕事を辞める」が20代で4人に1人など、問題が表面化しないまま離職する傾向にあります。

ブラックバイト

現在、多くの大学生は不況で親の支援が減っているため学費、生活費のためにバイトをせざるをえなくなっています。

日本は学費が高い上に、貧困層に対する免除もほぼなく、奨学金にも返済義務がありますす（しかも7割は有利子）。文科省のいうように教育を充実させたいならば、学費を安くするか返済義務のない奨学金を制度化してバイトの負担を減らして学問に専念できる環境を作る必要があるでしょう（経済協力開発機構〈ＯＥＣＤ〉34カ国中で、高等教育の授業料が有償でかつ給付型奨学金制度を整備していないのは日本のみであり、国際的に見ても非常に後進的です）。

まず、学生のアルバイト事情を確認しておきます。

次の二つの表（独立行政法人日本学生支援機構・学生生活調査）から、多くの学生にとって修学を続けるためにアルバイトは必要であることと、その職種としてファストフードやコンビニなど小売業での作業に代表される「軽労働」が増加していることが確認できます。

そして、いわゆるブラックバイトはこの「軽労働」と分類される職種と塾講師などの職種に多く見られます。

たとえば、首都圏でおよそ50の教室を展開する某学習塾では、雇用契約書に「代わりの人間を見つけないで年度途中に辞めた場合は、損害賠償を請求する」「テストへ

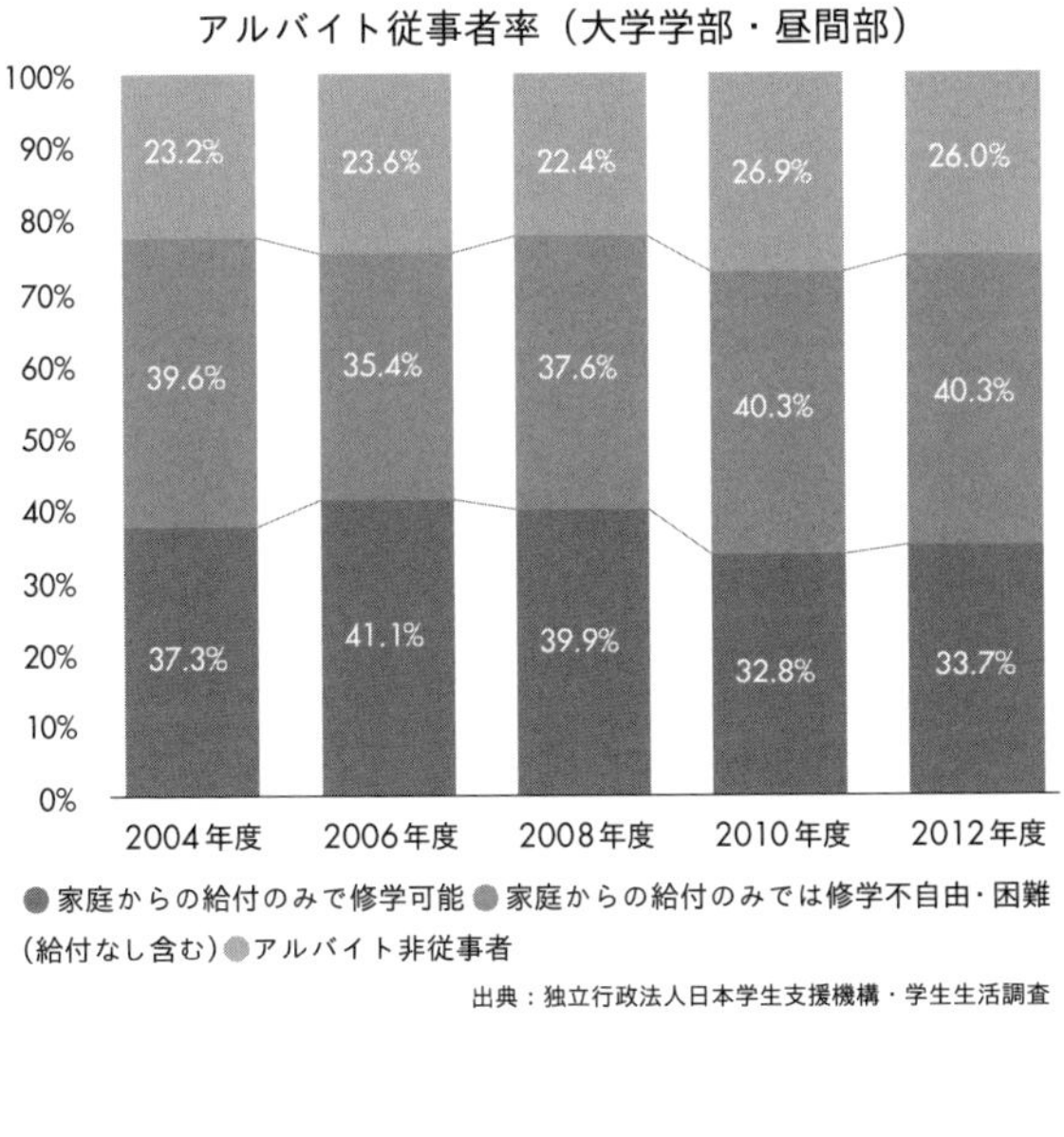

出典：独立行政法人日本学生支援機構・学生生活調査

の出席で休むのは認めるが、テスト勉強や実家への帰省で休むのは認めない」「遅刻をすれば、その授業分の給料はゼロ」といった違法な文言が明記されています。社会経験のない真面目な若者は、この契約を守るためにアルバイト中心の大学生活になっていきます。

　また、セブン‐イレブンのフランチャイズ店の学生バイトは「季節商品の販売ノルマを課され、達成できないと買いとりを強要される」という相談をブラックバイトユニオンに寄せています。

　配達用のおでんを100個課され、到達しなかった分は自分で買いとり毎日おでんを食べることになったり、高額商品のおせちを買いとらされたりしたということです。

アルバイト従事者の職種別学生数の割合（大学昼間部）

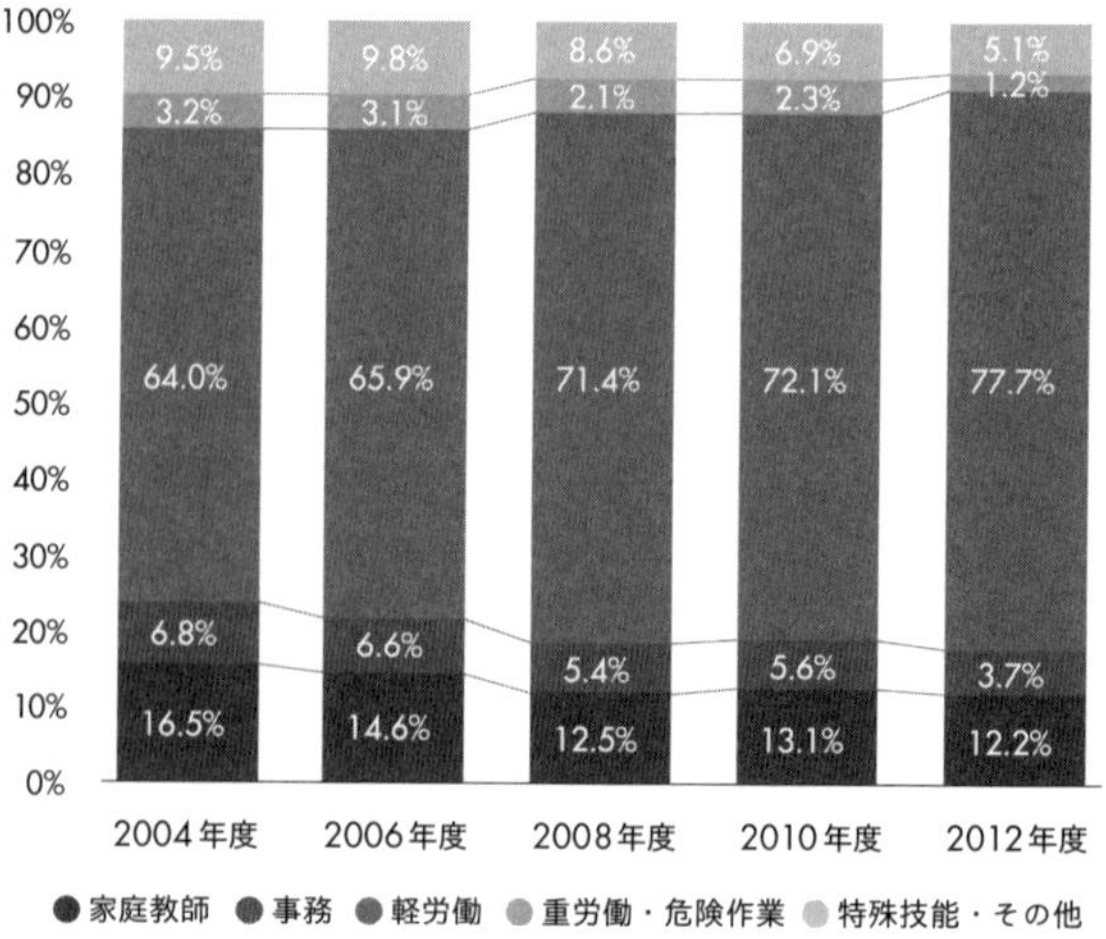

出典：独立行政法人日本学生支援機構・学生生活調査

ブラック企業同様に長時間労働を強い残業手当は出さないケースも多く見られ、辞めようとすると「店がどうなってもいいのか」「社会人として失格」という、これもまたブラック企業でおなじみの責め文句が浴びせられるということです。正社員を削減し、バイトへの依存度を増す企業が増えていることも事態を悪化させているといえるでしょう。

しかし、黙っていない若者もいます。２０１４年大学生によって「ブラックバイトユニオン」が、そして２０１５年には高校生によって「首都圏高校生ユニオン」という労働組合が結成されています。私自身は、高校生には組合活動よりも学業に励んでほしいとは思いますが、ブラックバイトで被害者になった場合に相談できる団体があることは知っておくほうがよいでしょう。

若者を食いものにする「自己実現系ワーカホリック」

いわゆるブラック企業の中には、若者に「やりがい」を与えて、過酷な労働条件をいわば「自発的に」引き受けさせるという方法をとるものもあります。自己実現という言葉をキーワードにして、自分のしたいことができる、自分の夢に向かって進める、といった幻想を持たせるわけです。

こうした現象を社会学者の阿部真大《あべまさひろ》さんは「自己実現系ワーカホリック」という言葉で

表現しています（本田由紀《ほんだゆき》さんも『軋む社会　教育・仕事・若者の現在』（河出文庫）という本で、同様の傾向を「やりがいの搾取」という言葉で表現しています）。彼の著作『搾取される若者たち　バイク便ライダーは見た！』（集英社新書）では、バイク便ライダーという職種に従事する若者がとり上げられています。

彼らはバイクという趣味、つまり好きなことを仕事にし、また集団ではなく個人個人として働いています。彼らは時給ライダーと歩合ライダーに分かれますが、この歩合ライダーが自己実現系ワーカホリックに陥りやすいのです。彼らの中では月の売り上げが100万円を超えるライダーが英雄視されており、それを目指してスリムなバイクを選び、路上で危険なすり抜けをやり、いわば路上をサーキット化することがかっこいいものと感じて、休日返上で仕事にのめりこんでいきます。「目標を持って集団に縛られずに好きなことをやっている」といえば素晴らしい仕事のスタイルに見えます。しかし、阿部さんはライダーたちが個人で好き好んでワーカホリックになっていくのではなく、職場にそれを生み出すからくりが幾重にも埋め込まれていると指摘します。つまり、そのシステムに踊らされながらそれを自分が選んでいるという錯覚に陥っているというわけです。

その仕掛けについて説明します。

まずは、システムとしてバイク便ライダーには時給ライダーと歩合ライダーが存在し、前者から後者への転換はできるが、逆は禁じられています。次に、頼れるコーチたる配車係が歩合ライダー出身であること、制服が路上のヒーローというイメージを与えること、そして、100万円ライダーの存在、すなわち目指すべきヒーローのイメージが、ライダーたちのやりがいを生み、結果的に過労につながっていきます。

そうすることによって、企業は雇用保証や高賃金という代価を支払うことなく労働者から高水準のエネルギーや能力、時間を得られることになります。

その実現のために利用されるイメージが、趣味性、ゲーム性、奉仕性、サークル性、カルト性といった要素です。これらを仕事に付加することで、自分が行っているのは「隷属的賃金労働」ではない、という意識が生まれ、自己実現系ワーカホリックを生むことになります。安定雇用で高賃金という即物的対価以外の目的で働いてくれるこういう人たちは、企業にはとても好都合な存在となっているのです。

若者がはまる理由としては、好きなことを仕事にするのが望ましいという規範がメディアや教育の結果根づいている、企業組織の中で自主性を持ちえない若者にとっては自分の裁量工夫の余地がある仕事は希少である、他者からの承認、称賛が得られる、厳しい現実の中で「夢の実現」という具体的目標に向かっていく高揚感が得られる、というようなことがあげられています。そして、もちろん現実的には、事故に遭ったり、高揚感が切れて燃え尽きたり、過労ゆえに体を壊したり、あるいはある程度の年齢でより若い労働者にとり換えられたりして使い捨てられていくことが多いのです。

バイク便ライダーに限らず、自発的に（当人の意識では）過労状態に自らを追い込み、気がついてみると体を壊していた、精神を病んでいたという若者の例は後を絶ちません。その中には、自己実現系ワーカホリック、あるいは集団圧力系ワーカホリックがかなりいるようです。

また、バリバリ働き活躍する女性の中には、「輝く女性」というイメージを維持するため、つまり自己イメージを社会的に承認してもらい続けるためだけに無理を積み重ね心身ともに壊れてしまうという例も多いようです。

外部が存在する環境を作ろう

ブラック企業やブラックバイト、やりがい詐欺などは被害者だけの問題ではなく、社会全体の問題といえます。たとえば、ブラック企業が生み出すうつ病の医療費は公的な国民健康保険のコストとなります。無事に働ければ税金、医療費を支えることができるはずの若者が福祉の支援を受ける側に回ってしまうのは国家の損失といえるでしょう。

もちろん、コストの問題だけではなく、若者が疲弊した社会では明るい未来などは望みようもありません。

ブラックバイトや「やりがいの搾取」への対策としては、職場の外部があることを自覚し、職場外部とのつながりを持つようにすることです。

これは第1章でも述べましたが、自分の居場所の可能性を自分の職場の外部に見出すこと、自分がしていることを他人の目で眺めてみることが大切なのです。一時的に何かに没入してワーカホリックな状態になることは有益な経験ともなりえますが、その際に自分を客観視する視点は失わないようにしたいものです。もちろん、それには知性が必要ですが、自分から離れて自分の状況を見るには、相当な知性が要求されます。より簡単な方法は職場外部とのつながりを持つことです。職場外に職場のことを話せる人がいる環境を作ることです。他社の労働環境を知ることや、自社の環境を客観的に見てもらうことで、自分では気づきにくい部分が見えてきます。他者がいないと自分が見えにくいのは事実であり、また、人は環境によって作られるものだからです。

失職、解雇

次に失職、解雇についての現実を見ていくことにしましょう。今や大企業に入社したから定年まで雇用が保証されるという時代でもありませんし、大学を卒業していても職を失い次の職に就けなくなるという状況も稀ではありません。大卒の3人に1人は無職であるというのが現状です。大卒の場合、就職の時点でつまずくことも多いのですが、それは第3章で扱うことにします。

日本は解雇が困難な国だという印象を持っている人も多いのですが、国際的に見ると実際には解雇規制は弱いほうなのです。2013年のOECDのデータによると、日本の正社員の雇用保護は、OECD34カ国中、雇用保護が低いほうから10番目、高いほうから25番目です。世界の中で見て日本の正社員の雇用保護は低いのです（日本の非正規労働者の雇用保護は、低いほうから9番目、高いほうから26番目です）。

また、労働者保護の全般に関しては、ILO条約の批准数が、ヨーロッパ諸国において100前後くらいは各国が批准しているのに対して、日本は半分の49しか批准していません。日本は労働者保護という意味では劣った国だといえるでしょう。

ただし、内閣府はOECD加盟の24カ国を対象とした調査の結果を、規制緩和が進み、労働者の保護法制が強くない国は、人口に占める就業者数の比率である「就業率」が高いと分析しています。正社員などを保護する規制が強いと失業する可能性が低くなる半面、いったん職を失うと失業期間が長期化しやすくなるためだということです。その前提のもと規制緩和を進め多様な働き方を目指すという方向性を示しています。

その一環として、企業の従業員に再就職支援金を支払えば解雇できる「事前型の金銭解決制度」の導入も提案されています。

さらに、同じ職場で5年を超えて働く契約社員らは、本人が希望すれば無期雇用に転換しなければならないという規制を緩め、有期雇用契約の期間を延長しやすくする、という案も出ています。

このような解雇規制緩和は、雇用市場の成長と雇用の流動化（転職の自由度を高めることも含めて）が伴わない場合には、正規雇用者の削減を容易にするという企業にとって好都合な結果にしかならないのではないかと私には思えます。

さらには、「ホワイトカラー・エグゼンプション」（企業の従業員は原則、労働基準法などが定める法定労働時間〈1日8時間、週40時間〉があるが、一定の年収を超える社員には法定労働時間の規制を適用しない）という案も検討されています。成功報酬制が確保されないまま（ジョブ型への移行を伴わないまま）、これが法制化されると、年収を一定度合い上げることで無報酬残業が合法化されるということになりかねません。

早期退職という名の解雇

早期退職の募集については、半導体大手企業のルネサスエレクトロニクスがよく話題に上ります。2012年に5000人の早期退職を募ったところ7400人が退職を希望し、その後も2013年に3000人、さらには2014年にも希望退職を2回に分けて募り、今後もさらに人員削減をする方向だということです。2014年末の希望退職募集では35歳以上を対象に1800人を募ったところ1725人が応じました。希望退職とはいいながらも企業側は削減したい人員をリスト化しており、会社に残った場合に労働条件が悪くなるということを突きつけています。実質的には解雇に近いのが現状のようです。

これは、退職勧告の繰り返しを裁判所が認めてしまったこともあり、企業側が何度も退職勧告を繰り返しながら辞めざるをえない状況に追い込んでいるというのが実情であるようです。何度も繰り返し退職を促され、残った場合の労働条件の悪化、また早期退職による賃金上乗せを提示されるとその企業に居続けることは厳しくなるでしょう。

2015年には、大手広告代理店の電通も、50歳以上を対象に300人の早期退職を募っています。大手企業に入社すれば一生雇用が保証されるという時代ではなくなっているのです。もちろん企業自体が倒産する可能性を考慮に入れる必要もあるでしょう。

ロックアウト

さらに、ロックアウト型普通解雇を行う会社もあります。日本IBMを例にとり上げてみます。東洋経済2012年11月17日号の記事の内容を紹介します。

2012年9月18日17時、社内システム関連部門で働いていた40歳の正社員が上司にミーティングだと会議室に呼ばれると面識のない人事担当者が入室し、解雇予告通知を一方的に早口で読み上げられました。9月26日付の解雇だが、翌日以降は出社禁止、当日も17時36分までに退社を命じられました。解雇予告通知には2日以内に自己都合退職をすれば解雇は撤回し、割増退職金や再就職支援会社のサポートを提供するという「ただし書き」がついていました。希望退職を募るどころか、退職勧奨や配置転換の手間すら飛ばし、即座の締め出しで、10人以上の解雇者には解雇理由は能力不足の一言で具体的な説明もなかったといいます。

さらにもう一例。こちらは、2013年7月11日の東京新聞の記事からです。

外資系ＩＴ企業「日本ＩＢＭ」（東京都中央区）の主任だった女性（45）が、作業の進行状況を説明してほしいと課長に呼び出されたのは、五月三十一日午後四時。会議室で五分ほど報告した時、部長が人事担当者を連れて入ってきて、いきなり文書を読み上げた。

「会社は、貴殿を二〇一三年六月十二日付で解雇します」「業績の低い状態が続いており、もはや放っておけない」。人事担当者が続けた。

「今日の就業時間終了までに私物をまとめて出て行ってください」

頭の中が真っ白になった。席に戻り、必要なものをかばんに詰め込みながら悔しさをかみしめた。「これがロックアウト（締め出し）解雇か」

金曜夕刻、突然社員に解雇を通告し、有無を言わさず帰宅させる。IDカードを無効にし、翌週から会社へ出入りできなくする。解雇通知書には、数日のうちに「自主退職」に応じれば退職金を上乗せするという条件も提示。住宅ローンや子どもの教育費を抱える社員は、サインせざるを得ない。

全日本金属情報機器労働組合日本IBM支部によると、この手法が始まったのは昨年七月で、これまでに組合員だけでも二十六人が解雇された。全体の人数は分からない。解雇理由の文面には、何がいけなかったのかは具体的に書かれない。女性ら五人の組合員は、不当解雇だと会社を提訴した。同社は「係争中なのでコメントできない」としている。

不当解雇の現状と学生の意識の乖離

中小企業になると、「身内の不幸で有給を取得したら解雇」「データ改ざん指示を拒否したら解雇」「店長から俺的にダメだという理由で解雇」「協調性がないという理由で解雇」という、理解不能な理由で解雇されたという話が上がってきます。「俺的にダメ」という理由には私も驚きましたが、パワハラやセクハラの現状を考えてみると、これほど露骨な言葉では表現しないにせよ、同様のことがまかり通っている職場もあるのだろうと思います。

企業に勤める人にとって解雇、失業は他人事とはいえない時代がきているということです。

しかし、学生へのアンケートでは意外に今まで通りの企業での働き方が可能だと思っている人が多いのです。将来、企業での働き方が変化すると思っている人はどのくらいいるのかについてレジェンダ・コーポレーションが行った調査では、2013年4月入社を希望する大学生（大学院生を含む）に聞いたところ、65・4％が「変化する」、34・6％が「変化しない」と回答しています。3割以上がこれまで通りの働き方が可能だと思っているのには驚きました。こういう学生はいわゆる就活マニュアルのまま行動して就職に失敗するという集団に入るのでしょう（就活については第3章でとり上げます）。

今や、情報入手は一部の人にとっては死活問題です。流動性の高い時代ですから、ダーウィンの「強いものが生き残るのではない、変化できるものが生き残るのだ」という言葉はますます真実味を帯びてきています。

老後経済破綻

メディアで下流老人とか老後破産とかいう言葉がよく取り上げられています（『下流老人 一億総老後崩壊の衝撃』〈藤田孝典著、朝日新書〉、『老後破産 長寿という悪夢』〈NHKスペシャル取材班、新潮社〉など）。老後、多くの人が年金だけでは生活していけない、という時代に向かいつつあるということでしょう。

老後破産に関しては生活保護基準よりも低年収である高齢世帯が推定で300万人おり、そこから、生活保護を受給している高齢世帯を差し引いた、200万以上もの人々が老後破産の状態にあると推定されています。日本全国で65歳以上の高齢者の数は3200万人であることを考えると、65歳以上の16人に1人が直面していると想定されます（「週刊現代」2014年10月11日号）。

大企業に勤めていたり、多くの収入を得たりしていた人も老後破産に陥っている現状がありますが、その場合、「変化できない脆さ」が原因である場合もあります。大企業にいてメンバーシップに守られてきたため個人のスキルを磨いていなかったり、会社の名刺に関わらない知り合いが極度に少なかったりする人は退職後、次の職を得るのが難しいといえるでしょう。さらに、大企業にいたというプライドが自分の価値を過信させてしまい新たな環境に適応していけない、ということも多いようです。

また、生活をサイズダウンさせることができない、という例も多いようです。これも「変化できない脆さ」といえるでしょう。

もちろん、この大部分は社会の問題であって、個人にすべての責任があるというわけではありませんが、「変化できない脆さ」は日々の仕事の仕方、生活の仕方に由来するものだと考えられます。同じ環境の中で日々同じことを繰り返しているだけ、という仕事への姿勢が長期間続くと、危険が待ち受けているかもしれないということです。

女性の労働環境

日本の男女格差が著しいということは周知の事実となっています。2014年10月に発表されたグローバル・ジェンダー・ギャップ・インデックス（世界男女格差指数）では、日本は142カ国中104位に位置しています（2013年は105位でした）。これは、経済活動の参加と機会（給与、参加レベル、および専門職での雇用）、教育（初等教育や高等・専門教育への就学）、健康と生存（寿命と男女比）、政治への関与（意思決定機関への参画）における男女間の格差を指標で順位づけしたもので、各国の全般的な所得レベルにかかわらず、国がリソースおよび機会を公平に分配しているか否かを理解することを目標にしたものです。

仕事に関しても男女格差は著しく、政府も女性の労働力を生かせていないのは国にとって損失になるということで女性の社会進出を促しています（女性の職業生活における活躍の推進に関する法律案）。２０２０年までには女性の管理職を30％にまで引き上げることを政府目標として掲げています。また、待機児童解消のために２０１８年までに40万人分の保育の受け皿の確保を目標とし、中期目標である「２０１５年４月までに20万人分」に向けて、19万人分を増加させ、さらには、育児休業給付金を１８０日間は50％から67％に引き上げました。

しかし、それでも政府目標と現実との乖離は小さくありません（ちなみに、「男女共同参画社会基本法」という法律の制定は１９９９年でしたが有効に機能しているとは言い難い状況です）。日本では依然として、結婚、出産、育児を担う女性が会社の中で男性と同じように働くのは難しく、育休の制度があっても、突然の妊娠を警戒されて希望する部署に行けなかったり、昇進しにくかったりといった目に見えない障害もあります。

これらが出産にブレーキをかけており、女性の管理職比率の低さ（２０１３年度の、課長相当職以上の管理職全体に占める女性割合は6・6％）にもつながっているのです。

女性管理職が少ない（1割未満）、あるいは全くいない役職区分が一つでもある企業についてその理由（複数回答）を見ると、「現時点では、必要な知識や経験、判断力等を有する女性がいないため」とする企業割合が58・3％と最も高く、次いで「女性が希望しないため」21・0％、「将来管理職に就く可能性のある女性はいるが、現在、管理職に就くための在職年数等を満たしている者はいないため」19・0％となっています（厚生労働省・2013年度雇用均等基本調査より）。

また、育休の制度があっても、実際には取得する女性が少ないという現状もあります。国立社会保障・人口問題研究所の調査（2010年）によると、育休取得者は正規雇用者で43・1％、非正規雇用者で4％と依然として低く、出産を機に6割超の女性が仕事を辞めています。

厚生労働省が調べた退職理由の最多は「育児に専念」ですが、正規では「就業時間が長い、勤務が不規則」、非正規では「子の預け先や家族の協力が得られない」なども多かったのです。

このような状況は、当然、女性の意識にも反映されることになります。2014年、グーグルによってアジアの女性約5600人を対象にインターネット利用についてインタビューが行われました。主な質問は、インターネットが仕事や家庭で彼女たちをどう助けているか。パートナーや雇用主からどのようなサポートを受けているかといったもので、その結果、日本は他のアジア諸国に比べ、仕事と子育ての両立に対する社会の支援が少ないと女性たちが感じていることがわかりました。

「未来は開かれている。進むことのできる道は多く様々だ」との内容に、「同意」と答えた女性は、フィリピン90％、タイ89％、インドネシア86％、インド80％、オーストラリア74％、韓国65％、日本60％。また、「母親となった働く女性に対して、社会が支援してくれる」に対しては、仕事を持つ女性のうち「同意」が韓国74％（ただし仕事を持たない女性では31％）、オーストラリア62％、日本38％という結果が出ました。同調査によると、日本人女性が家事にかける平均時間は1日当たり2、3時間で、家事の64％、子どもの世話の88％は「私」が担っている、と答えたということです。

解決策として、女性の長期育休に加え、男性側にも長期育休を同等に認めることが必要だと思います。今の経済状況では、夫婦において女性は専業主婦という形で家計を成立させることは難しく（もちろん逆であっても同様）、かといって子どもを安心して預けられる安価な施設も充実していません。

さらに、第1章で述べたように人間はそもそも群れで子どもを育てる動物です。1人で子どもを育てること自体に無理があります。今や核家族化しているのでせめて2人で協働するか、あるいは援助を得られる場所を見つけることが必要でしょう。

しかし、それ以前に社会の根本にある家事子育てを女性が主に行うという文化風土、企業の男性優位の労働倫理から変えていくことが必要でしょう。

単身女性の労働環境

これまで述べたのは、子どもにとって両親がそろっていてなおかつ両方が仕事を持っている場合の話です。

単身女性の状況はより深刻です。国立社会保障・人口問題研究所によると、20〜64歳の1人暮らしの女性の33・3％が年収122万円未満で暮らす「貧困」層となっています（厚生労働省・2013年国民生活基礎調査を基に分析）。女性の生涯未婚率は2030年には23％に上るとも予想され、単身女性の貧困は今後より大きな社会問題になる可能性があります。

また、母子世帯は増加しており、厚生労働省の「国民生活基礎調査」によると2013年は82万世帯（推計値）で、2011年の59万世帯（同）から23万世帯増えました。同省の「2011年度全国母子世帯等調査」によると、シングルマザーの8割以上が仕事に就いているが、育児と仕事を両立させるため、職種は非正規雇用に偏りがちで、「パート・

アルバイトなど」が47・4％と最も多く、「正規の職員・従業員」は39・4％にすぎません。先の国民生活基礎調査によると、平均年間収入も２４３万円にとどまっており、母子家庭など一人親世帯の貧困率（年間世帯収入１２２万円未満）は54・６％に達しています。

結果的に、性産業などで生計を立てざるをえなくなっているシングルマザーの現状も指摘されています（鈴木大介『最貧困女子』幻冬舎新書）。

また、子どもを殺してしまったり、無理心中をしたりするという痛ましい事件も起こっています。これらは個人の問題である以前に社会の問題だといえるでしょう。

非正規雇用

２０１２年就業構造基本調査（総務省統計局）によると、パートやアルバイト、派遣、契約など非正規で働く人が約２０４３万人となり、初めて２０００万人を突破しました。また、役員を除く雇用者全体に占める比率も38・２％と過去最高を更新しました。

非正規で働く男性に理由を聞いたところ、「正規の職員・従業員の仕事がない」ことをあげる人が１６０万人（27・９％）と最も多く、前年に比べ９万人の減少（女性は13・６％）でした。「自分の都合のよい時間に働きたいから」が22・７％（女性は26・３％）、「専門的な技能等をいかせるから」が13・１％（女性は６％）でした（総務省統計局・労働力調査２０

14年）。

正社員に就けず、仕方なく非正規で働く人が多いようです。

また、非正規ではありませんが、限定正社員という待遇も生まれています。ジョブ型正社員とも呼ばれ、仕事内容、勤務場所をあらかじめ会社と契約して社員としての待遇を受けるのですが、企業が雇用しやすい半面、待遇が低く抑えられたり解雇が容易になったりする可能性も指摘されています。うまく機能すれば働き手のキャリア形成を促進し転職市場を拡大することになるでしょうが、正社員の雇用削減の免罪符ともなりえます。

現職の雇用形態についた主な理由別非正規職員・従業者の内訳

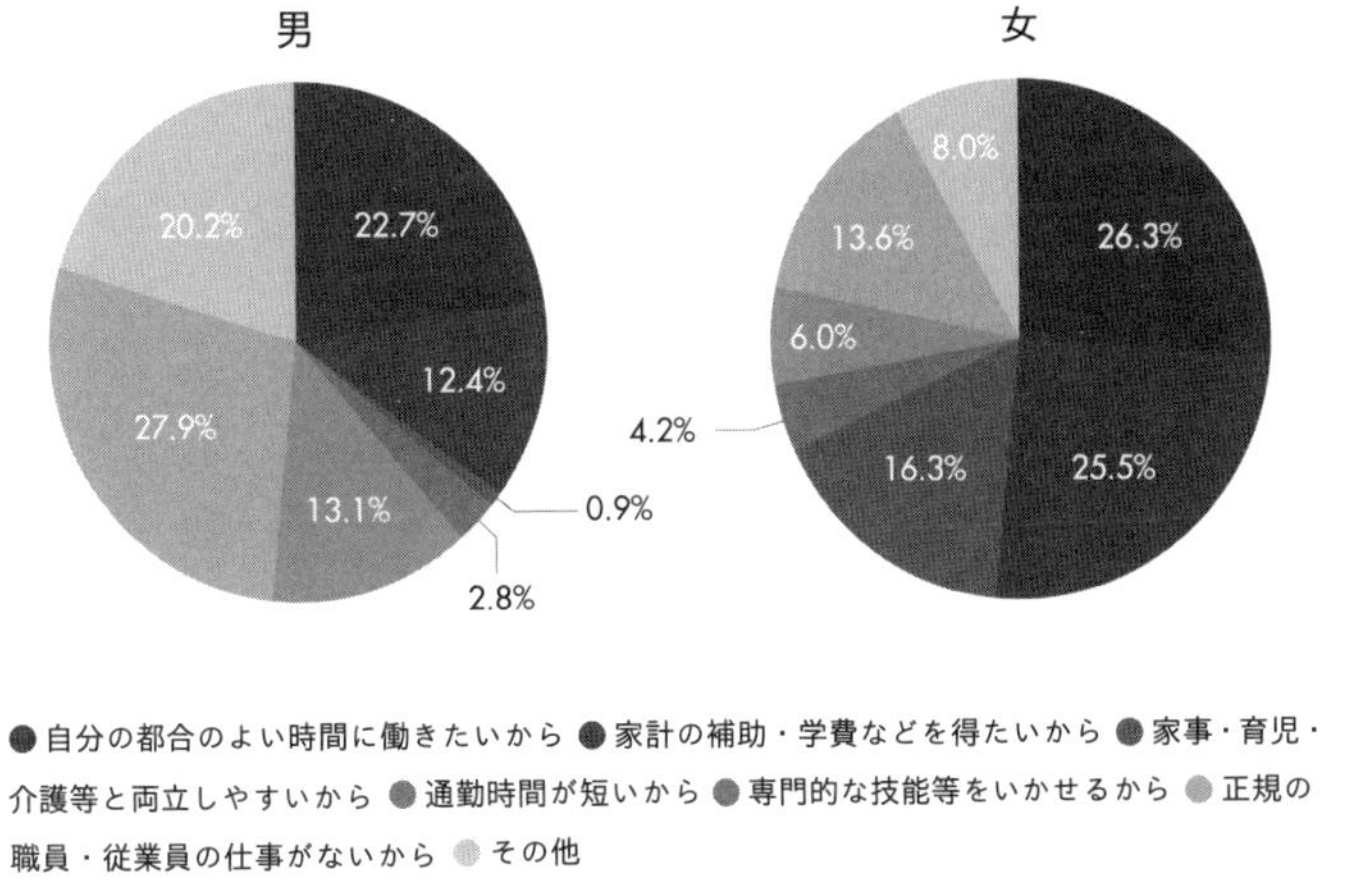

出典：総務省統計局・労働力調査 2014年

テクノ失業 ～イノベーションが職を減らしていく

ロボットに仕事が奪われる

次にあげる見たくない（かもしれない）現実は、これからイノベーションとともに、ロボットに人間の仕事が奪われていくということです。

第1章でチェスや将棋の例をあげましたが、知的分野においても、また単純作業労働においても機械、あるいはコンピューターが人間にとって代わりつつあります。最近使われ始めている言葉で、「テクノ失業」という言葉があります。コンピューターやインターネットの発達によって人間が職を奪われることを意味しています。その加速はアメリカでは特に顕著です。2013年には『機械との競争』（エリック・ブリニョルフソン、アンドリュー・マカフィー著、村井章子訳、日経BP社）が話題になり、2015年には『Humans Are Underrated（ロボットに負けた人間）』（Geoff Colvin）が話題になっています。

これまで3人でこなしてきた仕事をITなどの技術の進歩によって1人でこなせるようになれば、2人の仕事がなくなるのは当然のことですが、さらには仕事そのものをロボットが代替してしまうという状況も起こりつつあるのです。

これはもちろん産業革命以降ずっと続いていたことですが、近年のこの分野の技術革新は急加速的で、結局人間の労働は不要になるのではないかと思われるくらいです。不要になるばかりではなく労働そのものの質的変換が起こることになるのかもしれません。これは単純労働、知的労働のいずれの分野にもいえることです。

単純労働はロボットで

2012年、吉野家がどんぶりにご飯をよそうロボットを導入すると発表しました。2012年7月から導入し、2013年2月までに8割の店舗で導入する予定だという発表でした。吉野家はBSEの問題以来、メニューが多様化したため、正確に早く盛りつけるのが難しくなっていたのですが、機械を使用した場合、どんぶり1杯あたりの盛りつけ時間は2・4秒で済みます。

1店舗で1日あたり計20分近くの時間短縮になる試算だといいます。これまで、規定量を規定時間内に盛りつけるという技術は新人にとって習得まで1年以上かかる作業だったのですが、この機械の導入で新人指導のコストもなくなるということです。そうなるともちろん、1年かけて身につけた技術は無用のものとなっていきます。

バクスターの脅威

さらに、バクスターというロボットも生まれました。日本でも人気のお掃除ロボット「ルンバ」を開発したロドニー・ブルックスという技術者が、２０１２年に開発した単純作業用の工場向けロボットです。

これは、人間にはできないような精密な作業を高速で行う産業用ロボットとは異なり、ベルトコンベアを流れてきた製品をとり上げて別の箱に移したり、荷物を下ろしたりといった単純作業を、人間と同じようなスピードでできるというだけのものです。また、高度なプログラミングも不要で、実際にその場で人間が手を添えて作業をやらせ、腕に配置されているボタンを押してその作業を「覚えさせる」だけで済んでしまいます。

それならば、人間にとって代わることはない、と思うかもしれませんが、これが重さ75キログラムという扱いやすさで値段が約2万ドルということを考慮すると話が違ってきます。

これを3年間使うとすると、維持費を考えても年に７０００ドルほどで済みます。しかも長時間労働に不満も出ず、社会保険もいらない、となると、年収７０００ドルを超える単純作業工員はすべて置き換えてしまうほう

がいい、ということになるわけです。

もちろん、まだまだ発達段階にあるので、今すぐそうなるというわけではありませんが、バクスターは継続的なソフトウェアのアップデートによって時間を経るほどに速く賢くなります。

この点は、他の産業ロボットが納品された時点から価値を失っていくのとは対照的で、ターゲットを絞った開発が進むにつれて需要は伸びる、と考えられます。

このようなロボットによって、単純労働から人間が解放される、とも考えられます。先にあげたアマゾン・ドット・コムなどの劣悪な労働環境下での酷使状況解決に役立つことになるでしょう。

また、コーロボット（コラボレイティブ・ロ

単純作業用工場向けロボット「バクスター」© rethink robotics

ボット）がエボラ出血熱の感染地域や放射性セシウムに汚染された地域で活動できるということになると、多くの人を救うことにもなるでしょう。

しかし、産業用ロボットの導入が進むにつれて（2013年末、世界では133万2000台が保有されています）、同時に単純労働をする工場労働者が仕事を失っていくという事態は必然的に起こることになるでしょう。多くの先進国の生産現場が、海外で生産するよりも国内でロボットを使って作業したほうが、コストがかからないと考えつつあります。

また、発展途上国でも、ロボットを使うと生産コストが下がるので競争力は上がりますが、地元の単純労働者にとっては賃金の押し下げ圧力となる危険性があると考えられます。これは職種を変えることが難しい人たちにとっては厳しい現実です。理想は、技術の進化によってロースキルの仕事、人間には厳しい仕事を機械に置き換えていきながら、人間は、創造性や高いスキルが求められる新たな仕事ができるように再教育を受けて、少ない労働時間で生活を可能にするという方向に向かうことです。実際に、インターネットによって教育の無償化は進んではいますから再教育の機会は増えています。しかし、現実的には多くの人が創造的仕事に向かうというのは実現しがたいでしょう。

余談になりますが、国際ロボット連盟（IFR）の報告によると、中国の産業用ロボット使用台数は、2017年に世界最多規模に膨らみ、現時点と比較して倍増以上の42万8

000台に達すると見られています（新京報によると中国では2012年には第1―3四半期の製造業雇用者数が20％以上減少しています）。中国の製造業は人件費高騰のため停滞を強いられつつありますが、ロボットの活用によってこの障壁に対処することになるでしょう。それは、同時に大量のテクノ失業を生むことにもなるのだろうと危惧します。

職人と称される分野でも

職のフラット化（単純作業化）によって、技術者が職を失うこともあります。たとえば、とんかつを揚げるときの微妙な油の温度調整が、専用オートフライヤーの導入によって単純作業化されたり、カメラマンの光や露出の調整が、高性能デジタルカメラの技術開発によって単純作業化されたりしています。その結果、とんかつ職人が「かつや」に仕事を奪われたり、プロのカメラマンが「スタジオアリス」に記念写真の需要をとられているといったことが起こっています。回転ずしなどでも機械が握る寿司というのは今や日常的な景色となっています。

職人の仕事が誰にでもできる仕事になっていくという単純作業化はますます進行していくことになるでしょう。すると、そういう仕事をする人は代替可能な作業員となり、機械が進歩するにつれて機械に置き換えられていくことになるでしょう。もちろん「すぐれた職人」としての希少性は価値のあるものとして生き残っていくことにはなるでしょうが。

対人関係労働分野でも

ハウステンボスの「変なホテル」では、フロントはロボットスタッフ、ポーターもクロークもロボットが業務を行い、顔認証システムでキーレス滞在が可能になっています。

現在は好奇心の対象として面白さがウケているようですが、将来的にはホテルマンの仕事もかなりの割合でロボットに代替される可能性もあります。現在でもビジネスホテルではロボットはいないものの、コンピューターでチェックイン、チェックアウトを行いフロントスタッフのいないホテルも存在しています。

銀行の窓口業務（テラーと呼ばれています）もネットバンキングに奪われています。マッキンゼー・グローバル・インスティテュートの調べによれば２００１年から２００９年に全米で約70万人減少しています。

病院内で食事や処方せんを患者ごとに自動的に輸送するロボットや、手術を行うロボットなど病院ロボットもすでに出現しています。

さらに、米国のニューヨークメモリアルスローンケタリングがんセンターは、ワトソンというＩＢＭの人工知能型コンピューターを活用して、60万件の医療報告書、１５０万件の患者記録や臨床試験、200万ページ分の医学雑誌などを分析し、患者個々人の症状や遺伝子、薬歴などを他の患者と比較することで、それぞれに合った最良の治療計画を作ることに成功しています。

対人関係労働であっても、「人間ならでは」の部分を売りものにできない限り、多くの職は機械に置き換えられ職を失う人が増えていくことになるでしょう。もちろん、第1章で述べたカリスマアテンダントのような、「人間ならでは」の部分をセールスポイントにできる「カリスマホテルマン」というような存在は貴重になり、より際立った存在になっていくという逆のベクトルも伴うことになります。

知的労働分野でも

今では新聞記事を書くロボットも存在しています。ノースウェスタン大学の工学とジャーナリズムの共同研究であるナラティブ・サイエンスは、2010年に正式に設立されました。コンピューター科学者とジャーナリスト、ビジネスマンたちが運営しています。彼らのゴールは、同社の人工知能プラットフォーム「Quill」を通して、データから記事を作り出すことです。Quillは入力されたデータ（たとえばサッカーの試合のスコア）を使って、数秒で記事を書いてしまいます。時には人間よりよい記事を書くことさえあります。もちろん人間味あふれる記事は書けないでしょうが、社会が事実だけ知りたいという風潮に流れるならば締め切りを確実に守れるロボットが記者を淘汰していくことになるでしょう。

また、薬を処方するロボットもあり、人間よりはミスが少なく病院での発注が増加しています。アメリカでは毎年「薬剤ミス」によって100万人以上の人が被害を受け、7000人が死亡していると推定されていますが、PillPickと呼ばれるこのロボットは35万の処方せんに対応して薬を調合しながら、ミスは一度もありませんでした。カリフォルニア大サンフランシスコ医療センターでは、ロボットの設置に700万ドル（約5億7000万円）かけましたが、それは薬剤師全員の1年分の給与合計より少ない額であり、フル稼働すれば、PillPickは1日1万回分の薬を調合できます。これからさらに導入が進むことは間違いありません。薬を処方する仕事はどんどんロボットに任されていくことになるでしょう。

金融業界でも、ロボットファンドマネージャーが登場しています（日本ではカブロボファンドというファンドがあります）。これがインデックスを上回るリターンを叩きだすようになれば、ファンドマネージャーはいらなくなるかもしれません。さらにネット上でキメ細かなナビゲーションサービスができるようになれば、窓口で商品説明をする担当者も不要になります。

通訳についても、アップルが2014年に商品化した音声通訳アプリ、さらには2015年の通訳アプリは相当に優秀です。あと少し進歩すれば日常レベル、あるいは会議における単純な通訳は必要ではなくなるといえるでしょう。自動翻訳機がウエアラブルになればさらに言語の違いを超えた意思疎通は容易になるでしょう。

やや脱線しますが、一部の会社はグローバル化と称して、会社での公用語に英語を採用し、実際には英語が不要な職種の社員にまで英語使用をルール化しています。本来の業務に関わるための労力を英語学習に使わせるというのは、会社でレッスンを受けさせるならば余計なコストがかかりますし、自宅学習を課題とするならばそれはれっきとした残業です。英語が必要な職種ならば就職時に条件とするべきでしょうし、そもそも英語力習得とグローバル化はほぼ無関係です。グローバル化という言葉に目がくらみ、自動翻訳機というテクノロジーの進歩を視野に入れることができなくなっているのではないか、と思います。

軍事分野でも

日常的な仕事とはいえませんが、ロボットは軍事にも活用されています。2014年に発表された四足歩行ロボットLS3は、180キログラムの荷物を燃料補給なしでどんな悪路でも1日32キロメートル運ぶことができます。ハチドリを見本にして作られた小型の偵察ロボットはカメラを搭載して、建物の内部を偵察することもできます。敵のアジトに忍び込み標的を発見する、さらには敵に付着して自爆して敵を殺害する昆虫型ロボットも開発されています。

しかし、何といっても戦争を変えたとまでいえるのは無人戦闘機でしょう。無人機が本格的に戦場に登場したのは、アメリカのテロとの戦いがきっかけでした。ロンドンに拠点を持つ英国の非営利団体「調査報道ジャーナリスト協会（ＴＢＩＪ）」によると、２００４〜２０１３年の間に行われた無人機攻撃では、パキスタンだけでも２５００〜３５００人が死亡（そのうち民間人は数百人、子ども約２００人）、１０００人以上の負傷者を出しています。無人戦闘機はテロリストが潜伏しているとされる地域の上空を飛行し、ミサイルで攻撃します。地上部隊を送り込むことが困難なパキスタンなどでも、無人戦闘機なら攻撃ができます。

その操作は、戦場から1万キロメートル以上離れたアメリカ本土の基地で行われています。衛星通信で無人機の飛行や攻撃について指示を出し、兵士たちは、モニター画面越しに遠隔操作するだけです。兵士の命が危険にさらされることもありません（ただし、兵士も人間なので、遠隔操作による攻撃〈殺人〉は精神的に負荷が大きいようです。命は危険にさらされませんが、うつ病など精神に支障をきたす兵士の割合は低くありません）。現在では、米軍機の3割はすでに無人で、もはや無人機抜きでの軍事作戦は考えられないという段階に至っています。

無人戦闘機にとって人間のパイロットはむしろ邪魔だといえます。あまりに高速で旋回・加速できるため、Gによって失神してしまうからです。

また、撃ち落とされても戦死として親に報告する必要もないのはもちろんです。やわな人間を気にすることなく、より速く飛べ、より激しく旋回できます。人間には休憩も食事も必要であり、さらには感情などという厄介なものもあるので（兵士がうつ病になる割合は非常に多く、また戦闘地域における部隊内部でのレイプも頻発しています）、戦争においてはロボットのほうが完全に任務遂行能力が高いのです。

しかし、ゲーム感覚で人を殺すことには当然、批判も起こっています。1万キロメートル離れているということは、戦場での痛み、声、臭いなどを感じることもなく、爆弾の音も聞こえないので、人を殺すことに無感覚になってしまいがちです。距離が離れれば離れるほど、スクリーンに映ったものを標的として攻撃するということはゲーム化され、攻撃する側にとっては人命が尊重されることにはなりますが、被攻撃側の人命は極めて軽視されることになります。

実際に、誤爆による民間人殺害ということも頻繁に起こっています。テロリストがとるであろう行動・ふるまいをしていれば、テロリストだという推定をされるので、水道工事で道路に穴を掘っていたら、道路沿いの畑仕事をしていたら、路肩爆弾を設置しているのではないかと受けとられます。また、20代から40代の男性が跳躍運動をしているのも無人機から見れば、テロリストの訓練キャンプではないかと勘違いされます。

普通の部族の集会であっても、2〜3人、4〜5人集まれば、それはテロリストの集会ではないかなどという判断によって誤爆が生じてしまったと考えられるものもあります。

国内世論の圧力を受けてオバマ政権も問題の重要性を認識し始め、これまでは全く不透明な米中央情報局（CIA）の完全指揮下にあった無人機攻撃作戦を、より透明度の高い国防総省に移管する意向を発表しました。

さらなる進化系では自律型無人戦闘機として「X—47B」が作られました。これは人の遠隔操作ではなく、コンピューターで自動制御されています。X—47Bは、熟練したパイロットでさえも極めて難しいといわれる、空母への着艦に成功しました。人間を上回るほどの高度な自律性を証明したのです。将来的には、複数の機体どうしが自ら情報を交換し、連携して偵察や攻撃の任務を行うことが想定されています。

開発責任者によれば、この技術を発展させれば遠隔操作に頼らず、ロボットが自動的に人間を攻撃することもできるということです。

それに対して、２０１３年５月に国連の専門家は、人間の判断なしに攻撃を行うロボット兵器の開発は、凍結すべきだとする提言を出しました。

しかし、ロボット開発自体は有益性の高さから凍結されることはないでしょうし、軍事用であるか否かによって開発を停止するわけにもいかないでしょう。ロボットが兵士の役割だけではなく指揮官の役割も奪い、人間の命が機械の（プログラマーの）判断に委ねられてしまうという日が来るのかもしれません。

テクノロジーの進歩によって職を失う中間管理職

もちろん、ロボット開発自体は人間との協働を目指すものである限り、非常に有益なものであり、人の感情を読みとるロボットや人とコミュニケートをするロボットなどは認知症の防御、改善や介護の領域に限らず生活の中で有効な役割を果たすことになっていくだろうと考えられます。

しかし、ロボットの開発が労働社会に大きな変化を及ぼしており、これからさらに及ぼし続けるであろうことは確かでしょう。先にあげた『機械との競争』という本では、テクノロジーの進歩が雇用（特にホワイトカラー中流層）を抑制する方向に働いたことを説明しています。

この本によると、アメリカでは、テクノロジーの進歩によって単純労働分野ではなく、まずは中間層が職を失いつつあるということです。中間管理職の業務にはコンピューターに代替される部分が多いからだということなのでしょう。

単純労働の分野では、今のところはロボットでは対処しきれない対人的な部分があるのでロボットに代替される速度が遅かったのだと考えられます。しかし、テクノロジーの進歩は加速していくものなので、単純労働もますますロボットに代替されていくことになるでしょう。

将来仕事は半減するという研究報告

これまで書いてきたように様々な分野で仕事が機械、ロボットに奪われていく事態は進行中なのですが、

2020年「なくなる仕事」（日本）

電車の運転士・車掌	中間管理職
レジ係	受付・案内業務
通訳、速記・ワープロ入力	一般事務、秘書
プログラマー	オペレーター、コールセンター
新聞配達員	訪問型営業
郵便配達員	金型職人
レンタルビデオ	倉庫作業員、工場労働者
ガソリンスタンド	コピー・FAX・プリンター関連
高速道路の料金徴収業務	証券・不動産ブローカー
仲卸業者	ヘッジファンドマネージャー
小規模農家、兼業農家	証券アナリスト、FP（ファイナンシャルプランナー）
大手電力会社	生保レディ
参議院議員	教員
専業主婦	交番の警察官
日本人の取締役	

出典：「週刊現代」2014年11月1日号、
現代ビジネス「経済の死角」2013年7月25日

最近の研究論文では現在ある職の47%がこの10年か20年での消滅リスクにさらされているということです。イギリス・オックスフォード大学のマイケル・オズボーン准教授とカール・ベネディクト・フライ研究員の『The Future of Employment（雇用の将来）』という論文では、アメリカ労働省の公開データベースである業務情報ネットワークを資料として、702の職種についてそれぞれの職種の業務特性を約100項目あげた上で、それぞれの項目に数値段階を与えています。アメリカでの702職種のうち「高リスクグループ」に分類されたのは、たとえば運送・物流業、事務職、秘書的な補助職、製造業の作業員などです。さらに過去数十年間アメリカで増え続けてきたサービス業従事者も、このグループに含まれてしまうということです。

そして、このグループに分類された職種の中では、高学歴などもコンピューター化に対

主な「消える職業・なくなる仕事」（アメリカ）

銀行の融資担当者	税務申告書代行者
スポーツの審判	図書館員補助業務
不動産ブローカー	データ入力作業員
レストランの案内係	彫刻師
保険の審査担当者	苦情の処理・調査担当者
動物のブリーダー	簿記、会計、監査の事務員
電話オペレーター	検査、分類、見本採取、測定を行う作業員
給与・福利厚生担当者	映写技師
レジ係	カメラ、撮影機器の修理工
娯楽施設の案内係、チケットもぎり係	金融機関のクレジットアナリスト
カジノのディーラー	メガネ、コンタクトレンズの技術者
ネイリスト	殺虫剤の混合、散布の技術者
クレジットカード申込者の承認・調査を行う作業員	義歯製作技術者
集金人	測量技術者、地図作成技術者
パラリーガル、弁護士助手	造園・用地管理の作業員
ホテルの受付係	建設機器のオペレーター
電話販売員	訪問販売員、路上新聞売り、露店商人
仕立屋（手縫い）	塗装工、壁紙張り職人
時計修理工	

して無力だ、とも指摘されています。両氏のもう一つの推計では、「職の二極化」、つまり、中間所得層が激減して、大多数が低賃金職か高所得職に二分される、としています。高所得層になるのに必要なのは創造力、人間関係を構築する力、イノベーションを埋める想像力だとも言っています。

こうした見解も踏まえて、表のような予測も発表されています。

機械との対抗、あるいは新たな協力関係

この流れに抗するには職人としてのスキルを上げることだけではなく、少数ではあっても高い技術には高いコストを厭《いと》わないという層を大切にする、客との人間関係を構築するということが必要になるのでしょう。

第1章でとり上げた新幹線のカリスマアテンダントの例を考えてみてください。「またあなたから買いたい」と思わせることができる技術はフラット化できないものでしょう。

私自身は衣類であれ（ハンドメイドかミシンメイドか）、食べ物であれ（ミキサーで粉砕したか、すりこぎでひいたか、ワサビをゆっくりおろしたか機械がおろしたか）木造建築であれ（切るべき時期に切り長期間正しく乾燥させた木を職人がのこぎりで切りカンナで削った材木を使うか合板を使うか）、人が手をかけて作るものへの愛着は非常に強いです。このような機械に置き換え

られないものに価値を見出す文化を成熟させていくことも一つの条件になるでしょう。

また、サービス業だけでなく、工学分野においてもすぐれた職人としてのスキルは高く評価され重要視されています。人工衛星の集積回路やトランジスタなどは手作業（「はんだづけ」）によってプリント基板に実装されます。たとえば小惑星探査機「はやぶさ2」のエンジン駆動や電源、姿勢制御、通信など、様々な搭載機能の組み立てを手掛けるのは斎《さい》藤克摩《とうかつま》さん（2014年、厚生労働省が表彰する現代の名工に選ばれました）のチームです。これは、とても微細で高いレベルの技能が必要な技術で高度なスキルを持つ職人は限られています。

このように、機械に対抗するには、職人芸を磨き、機械に対抗して勝てる部分を見出していくという方法もありますが、傑出した職人芸はますますニッチな領域になりつつあります（だからこそ価値は高まっていくであろうともいえます）。

しかし、機械が進歩しつつある時代に機械に対抗し競い合うのではなく、機械と相互補完的協力関係を築いていくという方法もあります。たとえばブロガーやウエブデザイナーなどは最近まで存在しなかった職種であり、技術の進歩のおかげで生まれた職業です。機械の進歩によって既存の仕事がなくなるならば技術の進歩によって新しい仕事も生まれるだろうし、その間隙《かんげき》に新たな仕事を作ることもできるだろうとも考えられます。伝統的価値観を守ることも重要ですが、新たなものを受け入れながら新たなあり方を模索していくという柔軟な姿勢も重要です。職種が多様化する可能性については第4章で述べることにします。

THE ESSENCE
OF
WORK
CHAPTER3

第3章

就職・転職にどう向き合うか

能動的に会社を選ぶために（後悔しない選択を）

もちろんいわゆる企業に就職しないというあり方も十分に可能な時代になっているのだということを考慮に入れておくのは、出発点として重要です。そこでうまくいかなくても道はそれだけではないのだという考え方は常に重要なことですし、特に現代においては様々な生き方を選択できるようになっています（そのあたりは第4章で述べます）。

この章では企業に就職、転職するということに焦点を当てて述べていくことにします。

左の図は２０１５年８月に22歳から30歳の男女３４１名にインターネットを使って行った調査の結果です。

新卒で入社を決めた会社について41％が後悔していると答えています。やっと内定をとって入社しても、入社後後悔するというのでは何のための就活だったのかと思ってしまいますね。

当然のことですが、会社を選ぶのは自分であって、親の意向（親の要望で大企業を優先した、という新卒生も意外に多いのです）や世間の評判で決めるものではありません。後悔しない会社選びのためには就活段階での姿勢、知識が必要です。どのように準備すればよいのかを順を追って説明していきましょう。

新卒一括採用について

まず、今日本で慣行となっている新卒一括採用については様々に問題があると私は考えています。

４割以上が「後悔」、理由は「やりたいことが定まらないまま入社」「入社後のギャップ」

Q. 新卒で入社した企業について
その企業を選択したことを後悔していますか？

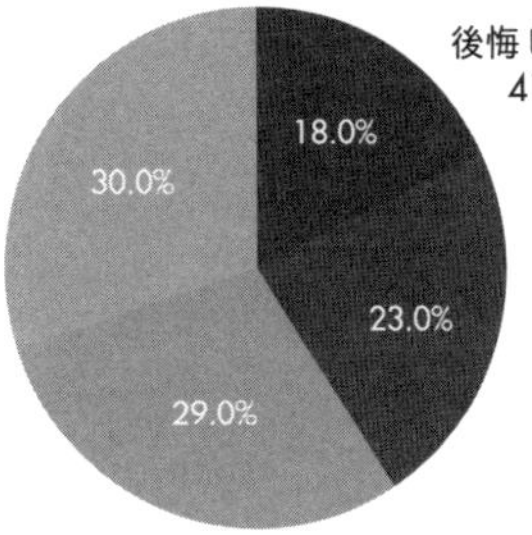

●後悔している ●どちらかといえば後悔している
●後悔していない ●どちらかといえば後悔していない

Q. 後悔している方は、
その理由をお教えください

自分のやりたいことが明確に定まらないまま就職活動を進め、入社してしまった	51%
業界や企業研究が十分でなく、入社後にギャップが生じた	50%
最初に内定が出たという理由で入社してしまった	37%
入社したかった企業が不採用だったため	27%
将来のキャリア像を描けないまま、周りの意見に流されて入社してしまった	20%
自分のやりたいことよりも安定を重視して入社してしまった	19%

※最大３つまで選択

出典：株式会社ビズリーチ・「キャリアトレック」会員アンケート調査
（実施期間：2015年８月24日〜８月30日）

まず、この制度自体が世界でも稀な制度だということはいうまでもないでしょう。

大学の卒業前に就職活動を始める学生の割合は、スペイン22・6％、フランス9・9％、イギリス49・2％、ドイツ46・7％、フィンランド41・8％、ノルウェー60・6％、そして日本は88％となっています（独立行政法人労働政策研究・研修機構〈旧日本労働研究機構〉「日欧の大学と職業」）。

スウェーデンの場合など、ほとんどが高卒で一度働いてから自分の将来に合った選択をして大学に入ります。

OECDの調査でも、諸外国の大学卒業の平均年齢は25歳なのに、日本だけ突出して22歳という数字になっています。

高校を卒業したら即大学、大学を卒業したら即就職というのが原則になってしまっている日本はとても不自由だと思います（とはいえみんながそのレールに乗れているわけではなく、大学に100人入学したら12人が中退し、13人が留年し、残る75人のうち就職できるのは45人で、3年続くのは31人、というデータもあります）。

私自身は、就職活動は大学卒業後にそれぞれのタイミングで始めるのがよいと考えています。

一つには、大学が単に就職予備校と化してしまい、大学生活によって得られる可能性のあることが就活によってカットされ、大学生活が就職に集約してしまいかねないからです。

これは社会にとって大きな損失だと思います。少なくとも、大学教育によってきちんと思考する経験という素地、教養と言い換えてもよいですが、そうした力を身につけた人間が減るということになりますから（現在の大学教育が思考経験を与えているかどうか、という問題はここでは置いておくことにします）。

別の理由は、社会経験がないままに就職先を決めるよりは、ある程度の社会経験を持ち、自分に何ができるかを知り、ある程度のスキルを身につけてから就職するほうが当人にとっても企業にとっても有益なはずだということです。

確かに、企業にとっては一斉に競争させるほうが採用コストが下がるし、ナイーブな新卒のほうが企業の色に染めやすいという利点はあるのでしょう。また、スキルを持たない新人に様々な分野を経験させていくという従来の日本の大企業の雇用の仕方には、新人が成長し社内で自分に合うポジションを見出せるというメリットがあります。

しかし現在では、何のスキルもない新人を採用してある程度長期的に育てていく余裕がある企業は少ないのではないか、と思います。すると、新人教育に大きなコストをかけられない企業にとっては、合理主義的に考えると、即戦力となるスキルを持った新人が望ましいということになります。

新卒時に仕事のスキルが必要であれば、大学在学中に社会経験、労働体験を経ることが必要になりますが、そうするとやはり大学教育が犠牲になってしまいます。

そこを割り切って大学教育よりも就職率を重視する大学が出てきているのも現状を考えるとうなずける話です。

話がそれますが、英語が必要な業種に就くつもりがあるならば、学生時代にスキルとしての英語は習得しておくべきでしょう。就職してから企業が社員に英語のスキルを身につけさせるコストを払うという現状はいかがなものかと思います。

就職氷河期真っ最中の韓国では大企業に就職しようとする人たちは（少数エリート集団ですが）少なくともＴＯＥＩＣ９００点以上の英語力を身につけています。大企業に入りたい韓国人学生は大学3年で1年間留年をして、英語留学かつインターンでの仕事経験をしておくのだそうです。

現在売り手市場の日本でそこまでする必要があるかどうかはさておくとしても、日本のトップ企業でグローバルに働きたいのであれば、ＴＯＥＩＣ８３０点（総合商社が海外駐在に求める基準とされています）程度の英語力を大学時代に身につけておくべきでしょう。また、グローバル人材を求めるトップ企業であるならば、「そのくらいの努力もしないで大学生活を終えるような学生にはうちの会社を受ける資格などない」くらいのことが言えないようではグローバルなトップ企業としてサバイブしていけないのではないかと思います。

新卒一括採用の弊害に話を戻します。就活生の立場を考えると、社会経験もない段階で、今年就活に成功できなければ（この段階での就活は大半の就活生にとって主に有名な企業に就職することを最高位に置いた序列競争）、その段階で一生レールを踏み外すことになるというプレッシャー（他に何とでもできる方法があってもこの段階では見えない）は、「はたらく」ということの本質を考えるとむしろマイナスのベクトル（「はた」を「らく」にすることなど視野に入らなくなる）を助長するのではないかと思います。

失敗したら終わり、と感じさせる社会はあまりにも息苦しく、人の能力発揮を妨げる社会といえるでしょう。

逆に、大企業に就職できたという達成感から就職後に燃え尽き症候群のようになってしまう人も少なくないようです。新卒↓大企業就職というレールを唯一、最善の選択肢と捉えてしまっていることの弊害ともいえるでしょう。

少なくとも、新卒一括採用しかないのだと思われがちな風潮の中、「実際には多くの企業で既卒者の採用も認めているのだ」、という部分をもっと広く示す必要があります。

政府も企業に卒業後3年以内の若者を対象に正社員として採用するように促しており、その場合の企業への助成金を一人数十万円支給するという案を発表し、２０１６年実施を目指しています。

流動性が高くなりつつある現代に、「新卒で正社員として入社しできる限り長く勤め上げるのが正しい人生なのだ。そうできない者は落伍者《らくごしゃ》である」という昭和の幻想的な教訓に縛りつけられる必要はないのです。

正規雇用の社員と非正規雇用の賃金、待遇の格差は社会問題だといえますが、正社員のほとんどを新卒時に一括採用するというのは、これから雇用の流動化が進むであろう時代にマッチしないのではないかと思います。

逆に、すべての労働者を非正規雇用にしてしまって労働力の流動化を促進し、ジョブ型競争社会にしようという強者の論理を振りかざす人もいます。

しかし、社会は競争に勝てる強者だけで形成されているわけではありません。セーフティネットを欠いた競争社会は、社会の不安定化につながり社会自体が不安に支配される不健全なものとなってしまう可能性が高いといえるでしょう。非正規雇用の現状を考えると、まずは労働の流動性の担保、さらに平均的非正規雇用の環境改善が前提条件として必要でしょう。

就活自殺の増加

実際に就職活動がうまくいかない大学生が精神的に追い詰められて死を選ぶ「就活自殺」が、2007年から2013年の7年間で218人に上るという悲惨な事態が生じています。新卒で就職しなければいけない、というルールが過剰に強調されているため、就職に失敗すると人格否定を突きつけられたように感じるということなのでしょう。

再度繰り返しますが、新卒でなくても正社員になれる道があるのだということを明示しておくことは必要でしょう。さらには、正社員自体が減少しつつある時代に、大学を卒業したら「正社員」にならないと「負け組」であるという感じ方をさせてしまう現状、またそのような風潮は一掃する必要があるでしょう。

新卒一括採用を制度として続けるにせよ、採用の仕方、就活の方法をより個人ベースのものへと変えていくと同時に、新卒一括採用神話には終止符を打ちたいものです。

現状への現実的適応

新卒一括採用の問題点を述べてきましたが、現実と理想を並べて、理想を声高に語り現実の側を軽視するというスタンスには私は同調しかねます。雇用の流動化の時代に新卒一括就活などおかしい、という考え方を声高に語る論者も多くいますし、私もその主張には同意しますが、現実的に一括就職が行われているのです。そうである以上、現在の状況の中で仕事に就こうとする大学生にとってはどう就職活動をしていくのか、という目の前の現実のほうが優先されるべきでしょう。

グローバルモデルによって日本を否定したがる論者

日本の現状を否定したがる論者はかなりの場合、外国のシステムをより優れたものとして引き合いに出してくるのですが、日本には日本の事情もあり、すべてを一気にグローバルスタンダードに合わせると破綻が生じます。国ごとに雇用システムの違いがあり、それぞれに一長一短があるのは当然のことで、日本の雇用システムの短所のみを指摘し、長所をも切り捨ててしまうならば、いきなり梯子を外されたような状態になる被雇用者が続出することになるでしょう。

正義を一気に実現しようとする一見正当な主張には、危険を伴うのです。

さらに、声高に現状を否定する論者たちは現実を誤認している、というか、現実そのものを見ていない傾向もあります。実際には、経団連に所属している企業でも、7割は既卒者の採用を認めていますが、そういう現実を見ないまま自分の主張を論じていることが多いのです（これは教育改革の分野でも極めて頻繁に見られます。実際の教科書や入試問題を見もしないで現状を批判し現実的とは言えない方針を訴える、こういう姿勢が実際に一番大きな影響力を持つ文科省に見られるのは困ったものです）。

目の前の現実から遊離したグローバル論者たちの言うことに従って行動して痛い目を見るのは学生たちです（教育の場合も犠牲となるのは生徒たちです）。

現状を批判し、「～するべき」と自論を声高に主張する彼ら自身には何のリスクもコストも生じません。無責任な感情的アジテーション、自分の商品価値を高めることを狙った発言にすぎないと思われる主張も多く見かけます。無用に動揺したり踊らされたりしないようにしておきたいものです。

批判する側の態度としては、現状を改善したいと思うならば理想を声高に述べ現状をこき下ろすのではなく、現実をきちんと見てそこに至った理由、現状のメリット・デメリットを考慮した上で、徐々に改善していこうとする姿勢が大切なのだと私は思います。

ハウツーものに踊らされるな　～過剰適応は破滅への第一歩

本題に戻ります。

就職にせよ転職にせよ、新たな環境に身を置くことになるわけですからそれなりの覚悟、心構えは必要です。

しかし、ここでそのコツを示すなどということをするつもりはありません。そのような本や就活のためのセミナーなども巷《ちまた》にあふれ返っていますし、そもそもそういうノウハウの通りにやろうとすること自体が根本的にずれているのではないか、と私は考えています。もちろんある程度の常識を身につけておくことは必要でしょうが、ハウツー物に書かれたこまごまとした指示に従えば従うほど、また、彼らのいう勝ち組のパターンへの適応が過剰になればなるほど、求職者自身の姿を相手はとらえにくくなってしまいます。

変化の速度が速い現代において、過剰適応は破滅への第一歩ともなりかねません。また、同じアドバイスに従う人が多ければ多いほど、そのアドバイス通りに振る舞う人は、交換可能な人材と見なされることになるのではないか、とも思います。

就活セミナーなどで、ドアの開け方からお辞儀の角度やタイミングに至るまで画一的に練習している姿は残念なものです（もちろん美しいお辞儀をきちんと学ぶことには就活などをはるかに超えた意義があるとは思いますが）。

就活マニュアルにある通りに「私は多角的にものを見て自分の頭でものを考える力があります」と面接対策をしているさまは、もはや滑稽とさえいえるでしょう（実話です）。

服装にしても、いわゆる就活スーツを制服のように着る必要はないと私は考えています。もちろん、服装で個性を発揮する必要もないでしょうし、服装の選び方を間違えるという不要なリスクを冒さないように、また、余計なコストをかけないようにするために就活スーツを着ておく、というスタンスも妥当な姿勢だとは思います。

しかし、ただそうしなければいけない、というほどのものではないですし、企業側がそれを要求しているわけでもありません。夏に暑い思いをしながら黒いスーツを着ることで就職が決まっていないのだということが世間に露わになる、というのはいかがなものかとは思います。

秋田県の国際教養大学は、2014年に、「うちの大学生は就活でリクルートスーツは着ません」ということで企業の了解をとりつけました。

また、企業側も、就活クールビズ宣言プロジェクト（大阪市の人材ベンチャー企業アイプラグの呼びかけによる）に日産自動車やコクヨ、カゴメ、サイボウズなどの人気企業を含む82社が賛同しています。賛同企業は、「ノーネクタイスタイル」「ノージャケットスタイル」「ビジカジスタイル」「私服スタイル」の四つから一つを選んで提示しますが、いずれもノーネクタイという点では共通しています。ただし、学生側には「服装で間違えるのが怖い」という反応もあり、残念なことに「就活のためのクールビズ」という新たな「無難なクールビズ」セールス分野が生まれつつあります。普通のポロシャツにチノパンで何の問題もないだろうと私は思いますが……。

ともあれ、既存のレールにいかにうまく乗るか、という適応のための方法のみを求めて自分を見失うようではどうしようもないだろうということです。

余談 思考力を問う入社試験（パターン認識しかできない人はいらない！）

また、既存の問題対策では答えられないような面接試験を行う会社もあります。依然として「学生時代に頑張ったことは何ですか」といった子どもに対するような質問をする企業、それに対して模範解答を覚えるといったような対策をする学生も多いのですが、そういった対策ではとうてい答えられないことを面接で問う企業もあります。

外資系はもともとその傾向が強かったのですが（特にグーグルの面接試験はユニークなことで有名です）、日本の企業でも型通りではない思考力を問う質問をする企業が増えてきています。参考までに例をあげておきましょう。

面接試験

あなたは5センチコインの大きさに縮められて、ミキサーの中に入れられました。もとの密度を保ったまま、あなたの質量は小さくなります。ミキサーの刃はあと60秒で動き出します。さて、どうする？

（グーグル）

（**正解**　5センチコインが直径2㎝として、約1／100の長さに縮むと考えられる。同じ密度のまま重さも少なくなるとのことだが、重さは体積に比例するので、長さの3乗＝約1／100万の重さになる。他方、筋力は筋肉の断面積に比例するので、長さの2乗＝約1／1万の力となる。したがって、体重に対する筋力の割合は約100倍となるので、垂直跳びで身長の1／3跳べるとして、縮んだ後は100×1／3＝身長の約33倍の高さまで跳べることとなる。2㎝の身長の33倍だから66㎝跳べるようになるので、ミキサーから飛び出して逃げられることになる）

マンホールのふたが四角ではなく、丸いのはなぜか？

（マイクロソフト）

（**正解**　四角いと斜めにしたときに穴に落ちる）

あなたが旅をしていると二つの扉が現れ、それぞれの扉の前にライオンが1頭ずついた。傍らの立て札には、こう書かれています。『片方の扉はあなたを新しい世界へ導くが、もう一方の扉は、過去へ逆戻りする。2頭のライオンは「はい」か「いいえ」でしか答えられない。1頭は真実しか語らず、もう片方は嘘しか語らない』あなたはどちらのライオンに何と質問をすれば、新しい世界へ行けるか。ただし、質問できるのは一度だけである。

（ゴールドマン・サックス）

（**正解**　どちらか片方のライオンに、「おまえは『こちらが新しい世界への扉か？』と聞かれたら、『はい』と答えるか？」と問う）

正解のない問いによって思考力を問う面接もあります。

「ロングのヘアースタイルが流行る」と「牛丼が98円になる」に辿り着くまでに必要な、その間に起こった四つの事柄を解答してください。
（ヤフー）

5分間の天気予報で視聴率80％とるには？
（フジテレビ）

事前レポート提出

また、ライフネット生命では、従来の新卒採用を「定期育成採用」と変更し、その応募資格は「30歳未満であること」のみとして新卒に限らず既卒者、フリーターも同等に扱うとしています。

また、学問を妨げず、最も適したタイミングを選択できるように採用選考を複数回実施しています。なお、中途採用枠を「通年即戦力採用」に変更し特定の分野で専門性を生かした働き方を望む人を対象に（30歳未満でも）通年採用を行っています。

この会社では、応募段階で難しい課題の提出を求め「定期育成採用」対象を1％以下にまで絞り込んでいます。「社員90名程度（２０１３年度末段階）の会社では、新社員の会社の成長へのインパクトは大きい」ということで本当にこの会社に入りたい人しか応募しないようにしているのです。

参考までに、２０１５年度の新卒採用課題を紹介しておきます。

ライフネット生命　２０１５年度新卒採用課題　重い課題Bより

> 現在の小学校1年生が大学を卒業して就職する頃には、65％の人が今は存在していない仕事に就くという調査があります。現在から20年後の社会と仕事の変化について、予想してください。

1. 20年前から現在にかけてもっとも成長した産業ともっとも衰退した産業について、データを用いてその背景とともに説明してください。

2. 20年後の未来に、現在と比較して大きく変化している社会・産業の状況を予想し、理由とともに説明してください。

3. 2で予想した変化に伴い、20年後には、現在存在しないどんな仕事が新たに生まれているでしょうか。新たな仕事を一つ挙げ、その仕事が生まれる背景と、その仕事に就くにはどのような能力が必要か予想して説明してください。

※20年前は１９９５年とし、20年後は２０３５年とします。

就活・転職に成功するための必要４項目

原点に返って考えてみましょう。就職・転職に重要なのは、

1. 自分を知ること
2. 相手（会社、あるいは職種）を知ること
3. 現実の壁（自分の置かれている位置）を知ること
4. 相手（会社）と自分が方向性、価値観を共有できること、さらに自分が価値観を共有できる人間であることを相手に伝えられること

です。一つずつ説明していきましょう。

自分を知ること（求職において）

まず、就職活動において自分を知るというのは「自分とは何か」という哲学的思考をする、ということでもありません。自己分析シートをせっせとやりこむということでもありません。

この本を書くにあたって様々な就活本を読んでみましたが、「自分がどういう人間か知ろう」などと書かれているものも多くありました。その答えが出る頃には人生も終盤を迎えているだろうと私は思います。

「自分がどのように見られる傾向があるか」は知っておくべきだと思いますが、自分が自分のことを知るなどというのは並大抵のことではありません。

自己分析シートなるものにはまる学生は多いようですが、「あなたはこういう性格です」

とか「あなたは営業に向いています」といった分析結果が出ても、それには何の意味もありません。自己分析シートで「落語」に適している、と言われて落語会の門をたたく、などということがあればかなり滑稽ですが、「金融業」「サービス業」に向いていると言われるとその方向に進もうと考えてしまう学生は多いようです。

「営業には不向き」と診断された人が、営業に不向きと診断されたまさにその資質のおかげで優秀な営業マンとなったという例はいくらでもあります。そもそも「私は営業に向いていると思います」と面接で言うのは他の仕事はやりたくない、という意思表示にさえ見えかねないのです。

また、いわゆる就活の段階では、多くの人は10代後半から20代前半なのですが、その段階で自分に何が向いているか適性を判断できる人は稀です。様々な経験を積むこともなく自分の向き不向きなどは判断できるものではないからです。仕事に対する適性とは、ある仕事をある程度以上の期間やってみて初めてわかるものなのです（もちろんその段階まで積み上げてきた経験がある分野で突き進むことは否定しません。音楽や舞踊などの分野ではむしろ早い段階で見極めをつける必要さえあるかもしれません）。

それは、「やりたい仕事」についても同様です。マイナビの2013年就職戦線総括によると、企業選びの一番の基準は「自分のやりたい仕事（職種）ができる会社」となっていますが、私はその意識に対してかなり疑問を感じます。就職後に「思っていた仕事をやらせてくれない」という不満を抱き、ついには職を辞めてしまう人も多いようですが、そういう人は転職しても同様のことを言い続ける可能性が高いのです。

自己分析の結果、自分のやりたい仕事を限定してみても、理想の仕事が会社内で割り当てられることなどは少ないわけですし、また、うまく割り当てられたように見えても、いざ働き始めてみると、外から見るのとは違っていたというのは当然のことなのです。

「やりたいこと」も「適性」も「自分」でさえ、時間とともに変化するものであって、早い時期に限定してしまうものではないと私は思います。

ましてや、自分に何ができるのか、などは経験したこともないことに対して公言するようなことはできないはずです。そんなことを堂々と言い放とうものならば、現実を見る力がないものとして敬遠されるだけです（もちろん、転職に関しては自分に何ができるのかを明確にして具体的なスキルを示すことが必要になります）。

ただし、２０００年以降の面接では、将来のビジョンや、場合によってはその達成に向けて会社の中でどう働きたいかを具体的に答えさせることも増えてきています。しかし、実際にはその内容よりは、求職者の姿勢を見ようとしているのだといわれています。

ビジョンを語る準備をするのであれば、次に述べるように、その業種内の人と個人的に話した後で、自分の過去の体験と照らし合わせて考えてみるのがよいでしょう。

では就職・転職において自分を知る、というのはどういうことなのでしょう。就職・転職において語る対象とできる自己とは、過去の体験に他なりません。過去に何をやってきたか、何を成し遂げたか。

学歴（大学合格・卒業）もその一つの要素であるとはいえるでしょう。学歴自体に意味があるかどうかはさておき、少なくとも過去の環境と過去の努力が反映されたものではあるからです。

自己を語る際には、自分が何をやってきたか、それは相手が知りたいことか？　から考えるべきでしょう。

自分探しに世界一周しました、とか、多くの人と名刺交換してきました、サークル活動でリーダーとしての責任を果たしました、バイトで人間関係とコミュニケーション技術を身につけました、などということは伝える価値のある体験ではありません。

というよりは、相手が知りたいあなたの部分ではない、というほうが正確でしょう。学生側にこのようなパターン化された語りが増えたから面接の内容が学生時代の経験を問うものではなくなっていったのだと見ることもできます。特にバイト、サークル、ボランティア、海外旅行経験などは自分にとっては大きな体験であるかもしれませんが、面接官は同じような話ばかり聞かされてうんざりしているのだということは知っておきましょう。

過去の大きな成果を語れ、というわけでもありません。そういう成果がある人はそれほど多くないでしょうし、そういう人は求職活動さえも必要としないでしょう。些細《ささい》なことでもよいのですが、基本的には自己向上のために具体的に何をしてきたかがベースとなります。それにはコミュニケーションがうまくいかなかったときに、原因は何だと考え、次はどう行動したか、というようなことも含まれます。

さらには読んだ本であれ、感動した映画であれ、学生時代の研究分野であれ、作り上げたプログラムであれ、なんであれ自分が体験してきたこと、やってみてできたこと、それをきちんと掘り下げて相手に伝えられる形にする。それこそが求職において伝えるべき自分なのだということです。そして、そうすることが自分自身を知ることにもつながります。

特に大学の講義やゼミで何を学んだかといった自分の研究内容について相手の興味を惹きつけるように語ることができるのは（就活本では人気が低いようですが）大きな強みになります。

実際に、面接で大学の成績表を使う例も増えています。エントリーシート（ＥＳ）を見ながらの面接だと、学生が想定可能なパターン通りの面接となりやすく、人物像が見えにくいというのが理由だそうです。素材メーカー「帝人」は２０１３年から、「日本たばこ産業（JT）」も2014年から面接では成績表を利用しています。

帝人の人事担当者によると、志望動機や自己PRを記入させるESと違い、成績をもとに質問すると、「どこを突っ込まれるのかわからないから学生が準備できず、素の部分や回答の矛盾が見える」という利点をあげています。さらに「成績を評価するのではなく、成績表から質問を掘り下げ、求めている人物なのかを確認する」ともいいます。

さらに「出席していくうちに興味を持った授業とその理由」を聞くことで、関心がないことに直面したときの姿勢（楽しみを見出したり、自分を律して成長につなげられる力があるかどうか）を見ることができるといった利点もあげています。成績そのものよりも大学生活における姿勢、自分の言葉で話す伝達能力を聞いているといえるでしょう。

ちなみに、国公私立大学などで作る「就職問題懇談会」も企業側に、成績を使った面接を求めています。懇談会の事務局を担う文部科学省の担当者は「これまでは学業が評価されなさすぎた。大学に入って学んだことを採用で評価してもらいたい」と述べています（そういうならば就活に振り回されない大学生活を確保できる制度にするのが先でしょう。就活のための単位をとるための学問、というのはいかがなものかと疑問に感じます）。

そもそも面接者の目的は、求職者が自分たちと一緒にやっていける人間であるかどうかを見極めようとすることなのです。面接者は、自分たちにとって興味の持てないことを話す求職者よりも、自分に興味を持たせることを話せる求職者を選びたくなるものなのです。

グーグルの採用では、最終的にエアポートテストというものが行われます。面接官は、空港で飛行機が飛ばず、近隣のホテルも満杯といった状況を想像し、「この人と一緒に空港で一晩閉じ込められても耐えられるか」と最後に自問自答し、明日の朝まで一緒にいられそうだと思えばその人を雇うというものです。

今やフェイスブックやグーグルのような企業でさえ、より多くの知識を持っている人よりも、性格のよい人（good natured person）を雇おうとしているのです。高度なスキルなどは、それが必要である場合に必要に応じて世界にアウトソーシングすることが可能です。だから、高度なスキルを持つ人よりも、理念を共有してともに働きたいと思える人間であることこそが重要なのだと考えているのです。

もう一度確認しておくと、まずは自分が何をしてきたのかを見直してみることが、求職における自分を知るということの第一歩です。就活であれ仕事であれ、こんなに一生懸命やっているのに理解してもらえない、と嘆く人たちは、自分について幻想（現実経験と乖離した理想的自己像）を抱いていることが多く、まずは自己の体験を基準として自分を知るということが原点でしょう。

姿勢も大切

さらに、自分を知ることには自分の姿勢を確認するということも含まれます。姿勢という言葉には身体的要素も精神的要素も含まれます。身体的要素も実は重要で、面接では最初の10秒の印象が結果を左右するといわれていますが、姿勢（立ち居振る舞い）が悪いとそれだけで大きなマイナス要素となります。教室で教えていても、講義を受けている姿勢を見れば大体の学力を推し量ることができる場合が多いです。

姿勢の精神的な要素というのは仕事にどう向き合おうとするか、ということです。この部分はしっかりさせておきたいということです。就職して仕事として何をしたいか、が不明瞭な就活生はたくさんいると思いますし、それはそれで何の問題もありません。キャリアセンターでは、「就社ではなく就職をせよ」とよく語られています。

つまりは、企業名ではなく仕事内容で就職先を決めるべきだということです。これは転職ですでに技術を身につけている場合には当てはまりますが、新卒の就職指導としては不適切でしょう。

「何をしたいか」を最優先すると、希望の企業に就職できてもその分野に配属されなければどうしようもなくなってしまいます。また、企業の側自体も経営の多角化というよりは、中心業務自体の変更を行うこともありうる時代となっています（あの誰もが知っているLE

GOはもともと木工所でしたし、サプリメントで有名なDHCはもともと翻訳の会社でした。富士フイルムなどは時代がデジカメに移行した今やフィルムではなくデジタル技術、さらには医療、ヘルスケアへと多角化しています)。

何をしたいかは見えなくてもいい

ですから、初めて仕事に就く人の場合、「何を」したいかが不明瞭でもかまいません。よく「何をやりたいか見つからない」という学生がいますが、就活の段階までで探せていないとすればやりたいことなどないのだ、と割り切ってしまい、やりたくないことを外せばすべてOKという考え方を持つほうがよいでしょう。「何をしたいか」よりも、むしろ変化に適応できる力のほうが重要です。

しかし、「どう」ありたいかという姿勢はできる限りはっきりとさせるように考えてみるほうがいいでしょう。与えられる仕事ならばどういう種類のものでもやるという姿勢であるとか、仕事を第一優先にしないスタンスなど。どうありたいかが見えない場合、「どうありたくないか」を考えてみてもいいでしょう。「自分は何をしたくないか。どうありたくないか。そしてその理由は？」という一見ネガティブな思考方法はとても有効性が高いのです。

仕事へのスタンスという点でいうと、「会社の命令ならばモラルを欠いた決定にも従う」ようにはなりたくない、とか、「仕事のために家族を犠牲にする」ようにはなりたくない、とかいうようなことです。

流動性の高い現代、何をするかはどんどん変わっていくものですが、どう仕事に向き合うのかという姿勢は会社によって変えられてしまわないほうがよいと思います。自分が積極的に変わっていくのはもちろん悪くはありませんが、なんといっても会社よりは自分の人生優先ですから（ここで会社を社会と言い換えても同じことです）。

自分を外から見てみること

さらに確認しておきますが、自分では自分は見えにくいものです。たとえば、自分が話しているのをスマホで録画して客観視するだけでも自分が思っているのとは随分異なる自分が見えるはずです。私自身、自分の講義をビデオで見たり、自分のゴルフのスイングをビデオで見たりすると、「これは自分ではない」と言い張りたくなるくらいです。

ですから、面接で何社も落ちている人などは、その際のエントリーシートのコピーやファイル、面接で何を話したかなどを周囲の友人や大人に伝えて感想を求めてみるとよいでしょう。自分が見えていない自分、つまり他人の目に映る自分を知ることが、自己を知ることへの出発点となります。意外なことかもしれませんが、自分の長所も他人からの指摘によって気づくということも多いのです。自分で自分のセールスポイントだと思っている部分は、実は他の人とたいして差異化できる部分でなかったりするものなのです。

相手を知ること

次に、企業に就職したい場合にはその企業を知ること、あるいは農業などに向かいたい場合には農家の実態を知ることは大切です。少し結婚と似ていますね。相手を知ることは大切なのですが、それをなんとなくフィーリングで済ませてしまおうとすると、後に難しい展開になりかねません（もちろん、直感は大切です。しかしまず、直感力を養うことが先決でしょう。あやふやな直感ほど始末におえないものはありません）。

また、相手を知ろうともしないで自己アピールばかりするという傾向の求職者も多いようですが、これは実生活に当てはめてみるといかに愚かしいことか、すぐに理解できるでしょう。どれほど多くの「エライ人」に会ったことがあるとしても、自分がエライわけではない、ということさえ見失ってしまっている自己アピールをする就活生も多くいます。

では、相手を知るために何を利用するとよいのでしょうか。就職人気ランキングなどというものが毎年発表されていますが、特に価値のある情報ではありません。ある程度長く勤めるつもりならば、企業を長い周期で見る必要があることは誰にでもわかるはずです。

また、企業自体に人気が続いていても撤退する分野、つまり人員整理の対象になる分野だってあります。「CMで見るような有名な会社ならば無事に長く勤められるだろう」などと、なんとなく感じていられる時代は終わっているのです。その「なんとなく」という無知な学生のその時代なりの気分が就職人気ランキングに反映されているにすぎません。

相手を選ぶための情報獲得手段としては、企業広告を含む就活向け媒体以外のメディアで情報を入れることをお勧めします。特定の企業を後ろ盾とする就活向けメディアや、少しでも批判すべき点を見つけるとブラック企業だと騒ぎたがる2ちゃんねるのようなメディアでは、よくも悪くもデフォルメされた情報しか入手できません。

まずは、『就職四季報』や『会社四季報』（上場企業の場合）で業種を知り、「売上高」「営業利益」「自己資金比率」「株主」「役員」「海外」「従業員平均年齢」「年」（年収のこと）の項目くらいは調べてみましょう。学生のフィーリングだとB to C（business to customer 個人顧客対象のビジネス）の企業を日常的に目にするためか、意外にB to B（business to business 法人顧客対象のビジネス）の企業に目を向けない傾向もありますが、それはもったいない話です（学生にとって重要な要素とされている給与に関してだけ見ても石油、プラント、海運業界などは上位に位置している企業が多い）。まずは選択の幅を広げ、企業のおおまかな実態を知っておくことが出発点となります。就職後、すぐ辞める人の理由の多くは労働条件であるということから考えても、平均勤続年数も見ておくほうがよいでしょうし、労働条件という点では男女比も見ておくほうがいいでしょう。

『就職四季報』の情報は企業からお金をもらっていないので客観情報といえるのに対し、「就職ナビ」などのクライアントがついている情報はある意味主観情報（不利なことは書かないようになっている）なのだということも知っておくべきです。

たとえば、「就職ナビ」には「ボーナス・年2回」と書かれており、『就職四季報』には「ボーナス・年何カ月」が書かれているのですが、この大きな違いが認識できる程度の読みとり能力は持っておくべきでしょう（『就職四季報』にも no answer は多く見られますが）。

また、ブラック企業を避けようとする意識が過剰になると警戒しすぎて身動きがとれなくなるものですが、転職用サイト「キャリコネ」などを参照するという手もあります。これは、会社説明会では実態がわからないため、勤務経験のある社員の書き込みで残業時間や有給取得日数を調べるというものです。

大学生ならば大学の就職課、キャリアセンターを利用しない手はありません。企業の「リクナビ」離れが進んでいて大学に求人票を出す方向に向かっていますから、自分の大学からだとどういう企業に就職できる可能性があるかを知る有効な手段となります。

就職の結果がそのまま大学の評価につながり大学の存続に直結する可能性がある時代ですから、大学によってはキャリア教育を講義に組み込んでいます。たとえば、北九州市立大学では、元リクルートや元ソネットの人が准教授、教授として就職支援をやっていて、1年生でキャリア教育の授業がほぼ必修となっています。そういう大学では就職課も充実していますから情報入手もしやすいはずです（大学がそれでいいのか、という価値判断はここでは保留します）。

ともあれ、学生は自分に見える範囲の広告や噂で企業を判断しがちなのですが、できる限り視野を広げてきちんと調べてみることが重要です。積極的に自分が選ぶ側に立つためには適切な情報収集と情報を読みとる力が必要なのです。

そうやって選んだ相手の実態、自分との相性を知るのに一番よい方法はその中に入ってみるということです。結婚する前にはちゃんとつき合ってみることが重要になるという点では、ここにも類似性があります（婚活も就活も根本は似ているのかもしれません）。

同じ業種の企業であっても社風は様々です。よく比較される例ですが、東急ハンズとロフトは同じような業種でありながらも「客のニーズに応える」ことを優先するハンズと「客に提案をしたい、楽しませたい」ことを重視するロフトでは社風は当然変わってきます。

そして、自分がその社風に合うか合わないかで、対人関係含め労働環境は大きく変わります。私自身は社風の好き嫌いはかなり重要な要素だと考えています。

実際、ウエブサイト「Korn Ferry」の2015年の調査（世界中の350人の総合職へのアンケート調査）では、どんなことが仕事に関する気持ちを高めるかという質問に対して、47％の社員が「自分の価値観に合った社風」の会社で働きたいと回答しています。また、同調査では自分の仕事が好きな理由を質問すると、43％の回答者が「同僚やクライアントとの関係」を選びました。

自分がその企業でやっていきたいかどうかを知るには、まずは中に入って社風を感じてみるというのが有効です（結婚前に一緒に暮らしてみる、というのが有効な手段であるのと似ていますね。いざ一緒に生活を始めてみるとつき合っていた頃とはずいぶん違っていた、などという話もよく耳にしますが、それと幾分似ています）。

就職前に企業の中に入る手段としては、インターンシップがあげられます。現在、インターンシップを採用する企業は急増しつつあります。インターンシップというのは企業の中で一定期間、その一員として働く経験をするというものです。

ちなみに、イギリスやドイツでは新卒一括採用などはあまりありません。英国だと大卒後すぐに就職する人は3割程度です。西欧やアメリカではスーパーエリートを除くと、あくまで求職者に「何ができるか」を基準として採用するので、インターンシップなどでの労働経験のない学生は就職に非常に不利であり、インターンシップの資格を得るにも競争があります。

また、その期間中給与が出るインターンシップも給与が出ないインターンシップもあり、給与が出ない場合、その期間生活するためのお金がない限りインターンもできず、その場合、就職機会も少なくなります。

それと比べると、日本の新卒一括採用は大卒求職者側にとってはスキルがない状態で就職のチャンスがあるという点ではありがたい制度だといえるでしょう（私自身は先に述べたように大学生は大学卒業後に就職活動を開始するほうがよいだろうと考えていますが）。あるいは人によっては卒業を待たずに在学中に就職を選択してしまうという手もあります（角川と経営統合しましたが、ニコニコ動画を運営しているドワンゴは現役高校生をエンジニアとして採用しています）。

現在、経済産業省では、学生と企業人がともに働く新たな「場」を用意することで、本業と人材を同時に強化できる「共育型インターンシップ」を掲げています（調査結果や共育型インターンシップに関する小冊子などは、同省ホームページに掲載されています）。

経産省の調査によると、２０１４年には、インターンシップから採用内定を出した企業は53・6％に上り、そのうち９割が入社しています。これは企業側のニーズ、求職者側のニーズに合った制度だと思います。

日経BPコンサルティングの調査（WEB調査2014年10月）結果をまとめておきます。

現在抱えている経営課題で最も多かったのは、「新規人材の確保・育成」52・2%、その後は「中間管理職の確保・育成」42・8%、「国内競争の激化」40・9%が続いています。新卒採用のとり組みでは、「就職情報サイトの活用」50・1%、「筆記試験／適性検査」45・8%、「合同説明会への参加」37・7%が上位となり、「インターンシップの実施」は24・3%、全体で7位となっています。

インターンシップの実施経験に関しては、全体の35・7%が「経験あり」と回答。従業員規模別で見ると、大企業55・2%に対して中小企業は27・4%、規模が小さくなるほど実施企業の割合は減少します。インターンシップを受け入れたという回答者（社）のうち、「採用内定を出した」割合は53・6%、さらにその中で「入社があった」という割合はやはり9割となっています。

インターンシップの実施時期は「夏休み」が63・1%を占め、期間は「1週間程度」「2週間程度」が多かったのですが、回答者に適切だと思う期間を聞くと、47・4%が「1週間程度」「2週間程度」と回答したものの、28・6%が「1か月程度」と回答しています。

やはり、そのくらいの期間働いてみないと仕事の仕方が見えてこないということなのでしょうし、最低限の戦力にならないということなのでしょう。だから、余力を雇う余裕のない中小企業ではインターンシップの実施割合が小さいのでしょう。

希望の業種、企業が見つかったらインターンとして体験してみるというのは可能であれば一番よい選択肢ではないかと思います。

仕事旅行社

転職や新たな分野での仕事を考えている人の場合、正式インターン以外の方法もあります。

仕事旅行社という会社がありますが、この会社は様々な職業体験の旅を提供しています。この旅では、短期間ではありますが、様々な職業の内側を体験してみることができます。興味がある仕事を一度覗いてみるというのはよい経験になるでしょう。

職人の世界など少し覗いてみるとおおいに勉強になるかもしれません。

社会人との接触機会

就活生でインターンシップに参加できない場合でも、興味がある業種内の人、興味がある企業の人とできる限り個人的に話してみることは大切です。ＯＢ・ＯＧ訪問で先輩社員の仕事に対する本音を聞く、あるいはOB・OGに限らず、「その仕事に興味がある」と連絡をして会ってみる。大学生の場合、大学生同士で話す機会は多くても社会人と話す機会が少ないようです。これは就職に限らずもったいないことだと思います。そして、社会人と話す経験が少ないと、面接では圧倒的に不利になります。

大学の学生証というのは、様々な業種の人に利害関係なく会えるという点でとても有用なものなのです。社会人になるとなかなかそうはいかないというのが現実です。就活は、いろいろな人と会うことを楽しみ、様々なあり方や社会の仕組みを実感しながら成長していける大学生ならではのチャンスだともいえます。就活を楽しめる人のほうが、視野を狭くして就活を試練ととらえている人よりもうまくいくものです。

現実の壁を知る

これまで述べてきたように、情報を入手したり実地に経験したりして相手を選択していくことは重要なのですが、そこで立ちはだかるのが現実の壁です。いくらこちらがよいと思っても、相手がこちらを見てくれないならば話になりません（これは結婚というよりは恋愛と符合しますね）。

大学生の就職率、さらに日本で就職する外国人留学生

まず、大学生の就職率についてですが、厚生労働、文部科学両省は2015年3月に卒業した大学生の就職率（4月1日現在）が前年同期を2・3ポイント上回る96・7％となり、4年連続増加したと発表しました。高校生の就職率は97・5％で、5年連続の改善となっています。

両省は「景気回復で企業の採用意欲が高まり、地方でも求人が増えている」としています。両省は全国の国公立、私立大の中から計62校をサンプル調査。就職希望者は過去最高の約41万1000人となり、うち約39万7000人が就職したと推計。全体としては売り手市場となり就活生にとっては明るい傾向となっていますが、この数字だけで安心してしまうわけにはいきません。

現在、日本の大学・大学院などを卒業した後、そのまま日本で就職する外国人留学生が急増しています。今や外国人留学生も就活のライバルとなりつつあるのです。「留学」から「就労」への変更を許可された外国人留学生は、2014年で1万2958人（前年比11・3％増）となっています（法務省調査）。最近4年間で65・5％増えているのです。

その中の93・9％がアジア諸国からの留学生です。彼らは比較的ハングリー精神が旺盛だといえます。日本人学生にとってはかなり手ごわい存在だといえるでしょう。職種もこ

れまでは「翻訳・通訳」「情報処理」「技術開発」などが中心でしたが、今や「販売・営業」分野にまで及び、大企業・製造業だけでなく中小企業や非製造業にも就職するようになっています。

企業の人事関係者などの間では、「外国人だから採用した」のではなく、「優秀な学生を採用したら、たまたま外国人だった」という例が増えているという指摘も出ています。政府も外国人留学生の就職支援に乗り出しており、「外国人材活躍推進プログラム」を実施し、国内企業を集めた就職面接会の開催などを行っています。新卒者は売り手市場だからといって安心しているわけにはいかないのです。

大学ターゲッティング採用

認めたくないかもしれませんが、現状では大学ターゲッティング採用は存在します。「学歴は関係なくなってきており、競争は平等だ」といわれるようになってきていますが、それは幻想であり、現実にはいまだに学歴差別は存在しているのです。「週刊東洋経済」2013年10月12日号では、過半数の企業が重点採用対象校を設定していると指摘しています（HRプロの「2013年度新卒採用戦略検討のための完全版データ資料」によると、主要企業の39％がターゲット大学を設定しているというデータがありますが、実際にはもっとあるはずというのが大学就職課側の見解です)。

ターゲッティングについてよく語られる実話を紹介しておきます。

別々の大学に通う就活生カップルがパソコンの前で肩を並べて座っている。大手食品メーカーの採用説明会の予約開始時間を待っているのである。そして時間が来た途端に二人は同時に説明会予約のボタンをクリックする。が、有名国立大の彼氏の画面には「予約」、中堅私立大の彼女の前には「満席」を示す赤い文字が並んだ。

このカップルの関係性がその後どうなったかはわかりませんが、このような学歴フィルターは様々な形で仕込まれているのです(最近はネット上で、大学名を変えてみたらエントリーできたなどというような様々なターゲッティングの実態が報告されています)。

ターゲッティング設定の理由としては、企業側は自社で開くセミナーよりも、さらにはリクルートやマイナビ主催の合同説明会よりも、大学で開催される企業セミナーを重視するようになってきているということがあげられます。HR総研によると、特に注力する採用施策(複数回答可)では「学内企業セミナー」が1位で55・8%、「自社セミナー、説明会」が2位で54・5%、それまで1位だった「就職ナビ」は3位で28・3%となっています(2014年)。

売り手市場の現在、人材を確保したい企業にとっては不特定多数よりもターゲットとした大学の学生に接触するほうが効率的なのです。

そうすると、非ターゲット大学の学生がターゲッティングを行っている企業にエントリーシートを出しても初めから意味はない、ということになってしまいます。不当だと思うかもしれません（私も不当だと思います）が、これが現実なのです。

年収1000万円以上の人としか結婚しないと宣言している女性に年収200万円でアタックするようなものです。もちろんどちらの場合でも、可能性がゼロだというわけではありませんが……。

そのあたりを学生側も大学側も理解し始めているということも、大卒の就職率の上昇につながっているのでしょう。また、大企業志向は相変わらず高いものの何が何でも大企業という風潮も少しずつ弱まっているということも原因にあげられるでしょう。

明確な目的があるからこの大企業に行きたい、ということではなく、なんとなく大企業のほうが安心な感じがするからということで選ぼうとする人たちが、無理をしてまで大企業にこだわるとすれば就活自体が結局大きなリスクとなってしまいます。

そもそも大企業で働いている人の数は企業で勤めている人の30％ほどなのですから、「大企業に入れなければダメ」というのであれば企業で勤めている人の7割はダメということになってしまいます。是非はともかく、自分が置かれている状況を知ることも必要なことなのです。

（参考）
現在中小企業の会社数は約３８６・３万社です。
全会社数に占める割合は９９・７％です。
（ちなみに中小企業とは
業　　　　種：従業員規模・資本金規模
製造業・その他の業種：３００人以下又は3億円以下
卸　　売　　業：１００人以下又は1億円以下
小　　売　　業：50人以下又は５０００万円以下
サ　ー　ビ　ス　業：１００人以下又は５０００万円以下）

さらに、２０１６年卒業予定者から、就職活動時期の繰り下げが行われました。学部３年の３月からの解禁、採用選考開始は４年生の８月（現在は４年生の４月）からとなりました。以前から議論のあった「大学生は学業を優先すべき」といった政府要請に、経団連が応える形で決定しました。しかし、実際には採用決定が遅くなる分だけ、従来４月の採用決定後にできていたはずの研究ができなくなるといった、政府の意図に逆行する結果が生じる可能性もあります。

さらに、この繰り下げによってインターン制度を強化する企業もありますが、むしろインターン制度を変更したり、見直したりする企業も出てきています。

企業の採用担当の手が回らなくなっているため、富士ゼロックスは10年以上8月に実施してきたインターンシップを秋以降に変更、NTTデータは例年7月から10月までの学生受け入れ期間を今回は9月と12月～翌2月にずらすことになりました。

NECは8月下旬～9月上旬に200人規模の学生が参加する5日間のインターンシップをとりやめ、約2週間の職場受け入れ型インターンシップのみを実施することに、中堅スーパーのいなげやは夏のインターンシップをやめることにしました。

リクルートキャリア・就職みらい研究所の調査（約1200社対象）によると、2015年度にインターンシップを8～9月に開催する企業の割合は69％で前年に比べて17ポイント減少、12月～2016年1月の開催は7ポイント増の25％、2016年2～3月は20ポイント近く増え40％に達する見込みとなっています。こうなると、企業の見極めがギリギリの時期となり選択にかけられる時間が著しく減少することになってしまいます。

採用期間が短くなる中で、危機感を感じている企業は有望な学生にいち早く接触を試みようとすることになり、人材争奪が過熱しました。実際に若手社員を出身大学に送り、後輩の学生に会社や仕事をアピールするいわゆる「リクルーター」制が復活しつつあります。そうなると、エントリーシート以前に優位性が確立してしまいます。

また、人材争奪の過熱はすでに「オワハラ」という現象を生んでいます。これは内定や内々定を出した学生に就職活動を終えるように企業が働きかけるというものです。内定を出すのと引き換えに、求職者の携帯電話を出させてその場で就活終了という旨の電話をかけさせるという企業さえあるようです。文部科学省は2015年に「学生の意思に反して就職活動の終了を強要するようなハラスメント行為は慎んでほしい」といった要請文を発表しました。ちなみに同年7月の文科省のオワハラに関する調査では、ハラスメントと感じられるような行為を受けた経験があると回答している学生は5・9％おり、前回の1・9％から大きく増加しています。

しかし、中小企業の立場からするとせっかくやっと内定を出したのに、大企業がその後の時期に募集することになれば内定者が来てくれなくなるという危機感を抱くのももっともなことです。実際に、内定を辞退した学生の割合は2015年には8月1日時点で44・2％と、2014年の解禁日（24・1％）から大幅に増えており、3社以上辞退した学生の割合は17・4％に上っています。

さらに、経団連の協定は経団連に賛同する企業が守る規定であって、外資やコンサル、

IT系企業の一部などは守る義務を感じていません。また、それ以外の企業についても経団連の決定通りに動くわけではありません。2015年には経団連は8月に選考開始と定めましたが、2016年卒業予定の大学生を対象とした採用活動についてのアンケートで、8月以前に内々定や内定を出し始めると回答した企業が52・2％に上っています（「就職白書2015」リクルートキャリア〈東京〉）。実際に、2015年は面接解禁日が前年より4カ月遅くなり8月1日になりましたが、8月15日の時点で内定率70％を超えました。解禁を待たない企業の「抜け駆け」が増えたということです。

そうなると、ターゲッティングされていない大学の学生にとっては就職がより厳しくなる、ということにもなるでしょう。

採用活動後ろ倒しのためのルールを作って状況を改善しようとしても、そのルールが守られないのであれば、結局は事態を悪化させることにしかならないのです。こうした事態を受けて経団連は早くも面接解禁後ろ倒しについて再検討し始めました。しかし、4月に戻したとしても、もともとの問題が解決されるわけではありません。さらに、一度ターゲッティングを強化した企業が、よりよい人員を確保する手段を手放すことはないでしょう。

ちなみに、米国ではハーバードビジネススクールなどトップ校は、指定時期以外のタイミングで学生と接触をすると、学内でのセミナー開催や、キャリアセンターから学生への情報提供を制限する、というペナルティーを科すことになっており、そのくらい大学側が企業への影響力を持って初めて大学生の教育時間は確保されるのでしょう。

企業の要請に合わせて講義日程や時間数を調整する、というのは「教育の場」としての大学の意義を失わせることになってしまうと思います。

相手（会社）と自分が方向性、価値観を共有できること、さらに自分が価値観を共有できる人間であることを相手に伝えられること

これもまた、結婚と似ていますね。結婚の場合、両者は別々の人格であり意見の完全な一致、性格の一致などはありえないことを前提にしつつ、進んでいこうとする方向性を共有することは重要です（性格の不一致による離婚、というのは私には理解できません。性格など一致するはずないに決まっているではないですか）。

さらに、自分は相手と方向性を共有できるということを相手に伝えることも不可欠です。ひどい求職者の中には、「この会社は自分に合っていると思います」と面接で答える者もいるらしいです。「君は私に合っているから結婚してほしい」と言うか、ということを少し考えてみれば、その発言がいかにひどいものであるかわかるはずですよね。求職者は「自分が企業の価値観・理念を共有し、同じ方向を向くことができる人間なのだ」ということを相手に伝えなければいけない立場にいるのです。

〈先にあげたグーグルのエアポートテストを思い出してください。類例をあげておくと、イーロン・マスク〈米国の起業家。電気自動車メーカーのテスラモーターズに投資し、08年に会長兼CEOに就任〉は自社の採用について次のようなことを言っています。

「かつて私がよく起こした間違いはまさにそこですね。知的能力ばかりを重視してしまって、その人物が周りにどのような影響を与えるか考えなかったわけです。……企業への貢献において鍵となるのは、人柄であり、周囲の人たちに与えられる影響です。人格を重視すること、その人が善い人物なのか、一緒に働きたいと周りの人が思うか。こういったことに焦点を当てるのは極めて大切なことです」〉

企業の価値観・理念ということでいうと、おそらく今後自社の利益を上げることしか考えない企業はうまく立ち行かなくなってくるでしょう。

社会貢献を自社利益とリンクさせていくことが、企業の発展のためにますます必要な時代になってきています〈第5章で説明します〉。ネットを含めたメディア社会の拡張とともに社会貢献度が可視化される部分が大きくなってきているからでもあります。

自社利益にのみ目が向いている企業は、おそらく社員を大切にしない企業でもあります。そういう企業に入ることを避けるためにも企業の知名度や業務成績だけではなく、どういう経営理念・価値観を持っているか、またそれが実行されているかどうかは知っておきましょう。

相手がどういう方向を向いて、どういう価値観を持って経営をしているのかを知ること、さらに自分はその価値観を共有し一緒にやっていける人間なのだと伝えることは重要です。

その際に、そのような思いを自分自身の言葉として相手に伝えることができるかどうかは大きなポイントとなります。平凡な言葉であっても何度も反芻《はんすう》することで言葉を自分の身に沁みこませ相手に伝わるように発する練習は必要でしょう。身体化されていない借り物の言葉で自分を飾っても空疎な言葉だと見抜かれるだけの結果となってしまいます。エントリーシートを書くという作業においても、相手に意思を伝える言葉を選択するということについては試行錯誤が必要かもしれません。

また、いわゆるソー活（ソーシャルネットワークを最大限に利用した就職活動）で、就活に最適化したバーチャルな自分を作り上げてそれに一致させてリアルに行動しようとすると自分を見失ってしまいます。

（朝井リョウ『何者』〈新潮文庫〉という小説には、ソー活の中で自分が何者なのか見えなくなっていく、という状況が描かれています。もはやバーチャルとリアルが二項対立として独立していた時代は終わっているのです。今や、リアルから乖離したバーチャルな自己を作り上げるよりはバーチャルも含めたリアルの中で自己の大まかなイメージを作っていくほうがよいだろうと私は思います。）

大切なことなので繰り返しておきますが、等身大でリアルな自分の考えを、借り物の言葉ではなく自分の言葉としてきちんと伝えられるようにすることは重要です。

話を戻します。企業と同じ価値観を共有できるか、ということでした。もちろん、企業に自分の価値観を完全に合わせきる必要はありません。少数で機動的に動くベンチャービジネスの場合などは社長と一体化したほうが会社全体として機能的に回る、ということもあるでしょうが、それは短期的な戦略であり例外的であるともいえるでしょう。今や会社に全生活を預けきるなどという時代ではありません。ですから、会社と自分を一体化する必要はありません。しかし、少なくとも進む方向性、価値観をある程度以上共有できる必要はあります。

賃金を得るためと割り切ってはみても、自分の会社が行っていることが自分の理念、意図に反することである場合にはストレスを抱え込むことになりますし、その企業で働くことが自分の価値観を裏切ることになってしまいかねません。そうした場合、その企業で働くこと自体が隷属的賃金労働となってしまいます。たとえば、組織が「社員みんなで参加」というカルチャーを唱えていても、現実にはトップダウンで物事が決まる会社であるならば、そのカルチャーに賛同して入社した人への裏切りといえるでしょう。

そういう点については「仕方がない」と妥協してはいけないと私は思います。様々に現実と折り合いをつけていくのが社会の中で生きていくということではあるのですが、妥協してはいけないと感じる部分を一度妥協してしまうと、自分の人生が自分のものではなくなってしまうのではないか、と思います。

社員の組織への貢献意識やモチベーションで日本は最下位

ちなみに、社員の組織への貢献意識やモチベーションの高さという点では（これを指すのに「エンゲージメント」という言葉が使われています）世界各国の企業を対象に米国の人事コンサルティング会社が調査した結果、調査をした主要28カ国の中で日本は最下位でした。

2015年刊行の『日本企業の社員は、なぜこんなにもモチベーションが低いのか？』（ロッシェル・カップ著、クロスメディア・パブリッシング）には、日本型雇用の問題点が書かれていますが、私は雇用システム、人事システムも含め個人の価値観と会社の価値観が呼応しなくなっていることが原因にあると思っています。

会社がどういう理念・価値観を持っているか、それは自分の姿勢と同一方向を向くことができるものなのか、は十分に検討してみる価値があることだと思います。企業で働くことが自分の価値観と呼応するものであればエンゲージメントは高くなるはずだからです〈NPOやNGOで働く人たち〈第4章〉のエンゲージメントがとても高いということもその裏づけとなるでしょう）。

企業の様々な変化を知っておこう

また、企業の側も時代の変化に伴って社員の働き方を変えていこうとしたり、時代に合った社風を形成していこうとしたりしているところもあります。

たとえば、商社といえば残業がつきものというイメージが強かったのですが、伊藤忠商事は２０１５年の採用セミナーから午後8時以降は原則残業をしない朝型勤務の説明を始めています。さらに、損保ジャパン日本興亜も損保業界のこれまでの慣習を変えて２０１5年6月から試験的に朝型勤務を導入し、業務削減にも着手し労働効率化によって残業を減らそうという方向に進めています。

また、２０１５年には、国が仕事と生活の調和に向けたワークライフバランスを推進する中、長時間労働など従来の働き方の見直しを呼びかけるセミナーが開かれ、役員にも短時間勤務制度を利用するよう促している企業などの事例が紹介されました。大手菓子メーカーカルビーの松本《まつもと》晃《あきら》会長は、役員にも子育て中であれば男女問わずに午後4時までの短時間勤務制度を利用することを促していることをあげ、「会社は成果を求めている。長時間労働などの古い労働慣行は企業の競争力を損なう」と指摘しています。

同セミナーでは、茨城県つくば市の衣料品メーカーの代表者が、子育て中の社員が働きやすいよう小さな子どもを職場に連れてくる「子連れ勤務」をとり入れたことを紹介し、「介護と仕事の両立などいろんな応用ができる。家庭の事情があるからこそ充実した仕事ができる」と述べました。

また、ユニクロを運営するファーストリテイリング（ブラック企業と指摘されることも多い企業ですが）は、正社員のうち約1万人、全従業員の5分の1にあたるユニクロ店舗の地域に限定している社員を対象に週休3日制を導入しました。といっても、週4日の勤務日の労働時間は8時間から10時間に延ばすということで週の労働時間自体が少なくなるわけではありません。離職率が高い（特に女性）ことへの対策といえるでしょう。

労働環境を整えなければ労働人口が減っていく中で人材を確保できなくなるというのはどの企業にも共通することで、その結果、仕事の仕方の自由度は増しているようです。

テレワーク

従業員の在宅勤務（テレワーク）を推進する会社も増えています。背景には、政府のテレワーク推進の流れがあります。政府は、「テレワーク推進」を2013年のIT政策の新戦略として掲げ、テレワーク導入企業を2020年までに2012年度の3倍に増やす、週1日以上、終日在宅で就業する雇用型在宅型テレワーカーを全労働者の10％以上にする、という数値目標を提示しています。

トヨタ自動車は2015年4月に、1歳未満の子どもを持つ社員（事務職、技術職の多くの社員対象）は週1日2時間出社すれば残りは自宅で働ける制度を導入しました。「子どもを育てやすい環境を整え女性の活用につなげていく」ということです。同様の試みは三菱ふそうや、日産自動車、三菱商事、日立製作所、ソニー、日本生命でも始まっています。

さらに、リクルートホールディングスは2015年10月から、在宅勤務を日数制限なく約400人の社員全員が選択できる仕組みを導入します。一部子会社の1600人も対象となります。管理職も可能で、育児や介護などの特別な理由がなくてもよいということです。在宅勤務を選んだ場合、会議など出勤が必要な場合以外は原則的に自宅など好きな場所で仕事ができます。1日1回仕事の状況を上司に報告します。給与は通常の勤務と差をつけず仕事の成果で評価します。6月から140人を対象に試験導入したところ、4割以上で労働時間が減り、大半が継続を希望していることから実施に踏み切りました。社員は、通勤ラッシュに苦しめられることもなくなりますし、会社も出社する社員が減るのでオフィス面積を狭めることもできます。

その流れに応じて、カラオケボックスのカラオケルーム歌広場を運営するクリアックスでは、客が少ない日中、テレワークを行う企業の社員を対象に部屋を貸し出すユニークな試みを始めています。

また、サイボウズではテレワークも積極的に認めていますが、さらに「育自分休暇制度」という制度があり、辞めるときに申請をして承認を受けると、辞めてから6年間は復帰できます。会社を出ても戻ってくる場所があるわけですから思い切って他の仕事をしてみたり、子育てに専念したり、スキルを磨いたりできるわけです。

副業

副業を認める企業も増えてきています。２００９年に共同通信社が大手メーカー24社に実施したアンケートで、日産自動車や富士通など10社が社員の副業を認めていることがわかりました。日産は自動車大手で初めて副業を容認。これまで原則禁止でしたが、減産による臨時休業日に限り２００９年３月から認めました。内容を会社に届け出ることを義務づけています。

業務に支障がないことを条件としているのはキヤノン、ブリヂストン、デンソー、花王。

トヨタ車体は就業規則に禁止条項がありません。三菱化学は「個別の事案に応じて判断」、三菱自動車は「特段の事情を考慮して認める場合がある」としており、東芝や富士通の半導体子会社でも容認しています。賃金の目減りを〝アルバイト〟で補てんすることを大手企業が制度として容認したことは、会社への忠誠心などを核としてきた日本の伝統的な企業統治や雇用形態が大きく変化しつつあることを示しているといえるでしょう。

実際に、一生の生活を会社に委ね切るわけにはいかない現在、一つの会社の中でしか通用しない技術に身を任せるというのは危険すぎます。一つの会社に過剰に適応するよりも他でも通用する技術を身につけるほうがリスクヘッジという点で優位です。今や専業禁止の会社さえあり、パラレルキャリアを促進する方向へのベクトルは強くなっているといえるでしょう（専業禁止の会社とパラレルキャリアについては第4章で述べます）。

転職　～35歳転職限界説の崩壊

2015年6月から7月にインターネットによる調査（278社対象）をした結果、8割以上の企業が、直近3年以内に35歳以上の人を採用したと回答しました（エン・ジャパン調べ）。

さらに、採用した企業の回答によると、ミドル層に求めているのは「専門性」（76％）、

「自社にない経験・能力」（56％）、「マネジメント力」（38％）（複数回答可）の順になっています。

また、全体で81％の企業が、「今後ミドル層を採用したい」と回答しており、理由として「優秀であれば年齢は関係ない」（57％）、「豊富な経験が必要」（54％）、「専門性が必要な仕事だから」（54％）と答えています。

他方、ミドル層の採用を敬遠する企業は理由として一番に「自分のやり方、これまでのやり方に固執する」（51％）をあげています。

もはや、35歳転職限界説は崩壊しつつあるといえるでしょう。大企業も終身雇用制を維持できなくなり、時代のニーズの変化も速いので、転職への準備をしておくに越したことはありません。現在の環境を最大限に利用してスキルを高める、ミドル層に達するくらいの段階で再教育を受けてスキルを更新するなど、生き抜いていく力を磨きたいものです。また、そういう力があればミドル層でも転職しやすい時代になっています。

今日、高齢者の9割が貧困化するだろうといわれているような状態ですから、定年退職後、優雅で気楽な年金生活を送るというのはごく少数の人に限られるでしょう。自分の専門スキルを高めることに加えて、変化に順応して常にリセットできるような心構えが必要な時代になりつつあります。なお移住転職については第4章で述べることにします。

就職であれ転職であれ

この章をまとめましょう。就職、転職には、時代の変化も含めて正しく現状を分析し、自分の過去の経験をベースに自分を見直し、仕事の仕方・姿勢を考え、自分が共感できる理念を持つ企業を自分の目で選択し、またその企業に自分が受け入れられるために必要な対策をする、ということが重要だということです。

ただし、どの時代であっても社会人としての基本常識、時間を守ることや挨拶がきちんとできること、人の話をきちんと聞くこと、ゴミをきちんと処理するといった公衆道徳を守れることなどは、就職の場に限らず重要なことはいうまでもありません（が、言っておく必要があるのが今の時代なのでしょう）。

うまくいかない典型的パターン

この章の最後に、うまくいかない人の典型的なパターンとその克服法について述べることにします。

理想と現実のギャップに悩む（意識だけ高い系）

いわゆる意識高い系といわれる人たちがうまくいかないことが多いのは、意識が高いということが原因ではありません。高い意識を持ち、それに見合う現実的行動力を持っている人たちはやりたいことを仕事にし、理想を現実に変えていくことができます。もちろんいくつもの障害はあるでしょうし、うまくいくとは限りませんが、失敗を糧にさらに前に向かっていくことが可能なのです。実践的にステップを踏める、失敗する覚悟もあるという人たちはより高みを目指してほしいと思います。

問題は自己認識ができていないのに理想だけは高い、という人たちです。就職における自己認識は先に述べた通り過去の自分を基準とします。これまでに何をやれたか、という基盤がないままに「自分はいろいろなことができるはず」「まだ実力を出していないだけだ」「やる気になればできるはずだ」といった仮想の自己認識を持ってしまっているので、現実とのギャップがなかなか受け入れられないのです。

さらに悲惨なのは、「意識が高い」自己像を承認されたがる言動です。人脈を自慢したり（実際には人脈といえるほど相手に認知されていないことが多い）プロフィールを誇張して自己アピール、自己ブランディングに力を入れたり、挙句の果てには「普通のサラリーマン」（そういうものは個人としては実在しない）や「農家の人」や「町工場の人」をバカにして（農家や町工場の多様性や可能性には目もくれないで）自分はそういうレベルの人間ではないと顕示するに至ることさえあります。

そうした言動が増えれば増えるほど、理想自己が現実の自己と乖離していくので現実と妄想の間に深い谷間が生じてしまい、そこに落ちてしまうと這《は》いあがってくるのは不可能に近いといえるでしょう。

そういうスタンスの人が、「自分の希望する会社（自分にふさわしい会社）に受からなかった」という理由で就職浪人でもしようものならばますます現実的には厳しくなってしまいます。しかし、夢を捨てない（＝非現実的な憧れに固執する）彼らは就職に失敗しておきながら「現在の会社がダメなのだから起業しよう」と思うことさえあります。起業することと、学生団体を立ち上げたり学生イベントを成功させることは全く異質なことだとは気づけないのです。

中二病を卒業して、まずは実際に働いてみる、ということから始めて自分の能力を知り、それを徐々に高めていくべきなのです。彼らから見ると地味で普通の働き方ですが、その中に面白さや意義を見出していくほうがはるかに有意義なのです。つまり

「自分を探そう」とするよりも現実的な活動の中で「自分を作っていこう」とするほうがよいだろう、ということです。

「やればできるはずだ」は何もできなくさせてしまう呪文

彼らには夢を語りたがる傾向があります。そして、ポジティブに思考しようとします。

夢、願望を実現するために必要なのはポジティブ思考だ、とはよくいわれていることです。確かにネガティブに考えて思い悩んでいるよりはポジティブにものをとらえているほうが免疫力も上がりますし、業務遂行能力が上がることもあります。

しかし、夢（憧れ）を語る若者（絶望を語る若者よりはずっとよいとは思いますが）にありがちなのが誤ったポジティブ思考です（「自分はダメだ」と思うよりは「やればできるはずだ」と考えるほうがはるかによいのですが、「やればできるはずだ」という思いがマイナスに働いてしまうこともあるのです。彼らはスティーブ・ジョブズ伝やビジネス誌に登場する若手ベンチャー社長のようないわゆる成功者の物語に心動かされて「自分も」と思いやすいのですが、同じレベルの能力を持った人が同じようなことをして失敗した例のほうが圧倒的に多いということには気づきません)。

ポジティブ思考が誤った方向に向かうと、「やればできるはず」の自分に安心感を持ってしまいます。すると、「その願望をすでに果たしてしまっている」イメージが頭の中にできてしまって、目標達成のための具体的な行動をしなくなってしまうのです。これは心理学実験の結果、しばしば指摘されていることですが、ポジティブな未来を想像しただけの被験者は、片思いの相手をデートに誘うことや、新たな仕事に応募することなどでも、実際の行動に移さない傾向が高いようなのです。「やればできるはず」だから「今」でなくてもよい、と思ってしまうわけです。

実際に、「やればできるはず」という安心感は血圧を下げてしまう傾向もあり、目標に向かってとり組むにはマイナスな傾向です。頑張る必要性を感じて多少のプレッシャーのもとに血圧が上昇するというのが、やる気がわいてくる状態なのです。

では、どうするのか? 初めに自分がどういう仕事をしたいのかを明確化すること。次に、それが達成されたときに得られるベストな事柄を具体化してイメージすること。漠然と「大きなことをやりたい」とか「世界に貢献したい」というのではダメです。何の実効性もありません。その上で自分の現状(過去の自分)を直視すること。自分の現状を出発点としてゴールに至る道のりにおいて障害となること、障害となる自分の弱点を考えます。それから、その障害を乗り越えるための具体的戦略を立てましょう。

ギャップが大きすぎるならば願望を明確化するところからやり直します。具体的戦略が立てられないならば、それは現段階では実現不可能だということなのです。何となく何とかなったりはしません。何とかなるのはこれまでに築き上げてきたものがあり、その延長線上に願望があるからなのです（あるいはよほど強運の持ち主なのでしょう）。そして、戦略が立てられれば、即行動する。行動を保留する言い訳は捨てる。

つまりは、夢見がちな意識高い系の人には正しい自己認識、具体的目標、具体的戦略と行動こそが必要なのです。漠然とした「夢」を語るのは実は現実逃避の言い換えにすぎないのだということです。仏陀の言葉を引用しておきましょう。「過去を悔いず、未来を夢見ず、今、ここに働きかけなさい」

行動していくと、自分が何でもないと思っていたことが実は大変なことだったり、価値がないと思っていたことに価値を見出したりすることになります。虚空に描いていた夢の実現よりも、地味に毎日の仕事をこなしていくことの充実を実感することになるかもしれません。

実際のところ、意識が高いだけのあなたがグローバルエリートを目指す必然性などないのです（もちろん目指してもかまいませんが）。

ちなみに私も、グローバルエリートなどにはとうていなれませんが、目の前の仕事をきちんとこなすことで満足感が得られています。そして、その満足感が未知への挑戦にもつながります。まずは現実を直視し、現実とバランスのとれた行動を起こすことから始めましょう。「本当の自分」などという幻想にとらわれるよりは、日々の努力で自分を作り上げていくことのほうが大切なのだと思います。

現実と現実の深い谷間に落ち込んだら、（会社）社会のせいにしてしまえ！

現実的に目の前の仕事をこなしていこうという姿勢でありながら、ふとしたことで深い谷間に落ちてしまう可能性は誰にもあります。

自分とは関係のない様々な現実が重なって偶然運悪くその谷間に落ちてしまうというようなことは起こるものです。

就活でうまくいかないこともあるでしょう。大企業に就職しても倒産することもあるでしょうし、ある部署が閉鎖されるなどということはもっと頻繁に起こります。

第2章で書いたような不当な解雇が行われたり、上司との人間関係がうまくいかなかったり、劣悪な労働環境であったり、怪我をしたり、そうした理由で会社に行きづらくなってしまうこともあるでしょう。

そして、一度足を踏み外すとなかなか元に戻りにくいのが今の日本の現状です。失敗、あるいは偶発的な事故に対して非常に不寛容な社会であるといえるでしょう。

工藤《くどう》啓《けい》氏（NPO法人育て上げネット理事長）と社会学者の西田《にしだ》亮介《りょうすけ》氏は共著で『無業社会 働くことができない若者たちの未来』（朝日新書）という本を出しています。「無業社会」とは「誰もが無業になりうる可能性を持つにもかかわらず無業状態から抜け出しにくい社会」と定義しています。工藤氏は『大卒だって無職になる〝はたらく〟につまずく若者たち』（エンターブレイン）という本で大卒で就職、あるいは就職後に仕事につまずいた若者の姿をありのままに描いていますが、「大卒なのに無職になってしまうことが、僕らの社会ではフツウにあること、そしてフツウにあることだからこそ、そこからやり直せることもまたフツウである社会になってほしい、と僕は願っています」とコメントしています。

自由に選択しろといわれながら選択しない自由は与えられず、かつ状況によって選択肢は限定されてしまっている。経験がないから仕方なく周囲に合わせた選択をする。そして、何かでつまずいてしまうと、自由な選択の結果なのだから自己責任だといわれてしまい、落伍者の烙印を押され、再選択の範囲を極度に狭められてしまう。こういう包摂性のない社会構造にからめとられて、どうしようもなくなってしまったら、それは社会のせいにしてしまったほうがよいと私は思います。

「社会のせいにするな」というのはまっとうな主張なのですが、自己責任論は強者の論理ともいえるでしょう。陥ってしまった深みから抜け出すためには「社会のせい」にしてしまって自己否定回路から脱出することを目指すほうが現実的だと私は思います。そして、その脱出には同様の環境にいる人たちが集まる場を見出すことが有効です。

社会を変える原動力にも

実は、そういう人は社会を変える原動力になりうる可能性も秘めています。社会を変える、などというとそれこそ真逆なほど自分とはかけ離れたことだと感じることでしょう。しかし、実際にはそうとも言い切れないのです。

育て上げネット編著の『「働く」ってなんですか? 働けなかった僕が働けるようになってからわかったこと。』(バリューブックス)という本には、無業状態から「育て上げネット」を通じて職業体験をしながら仕事を得るにいたった若者（現在では15歳から39歳を指す）のインタビューが収録されています。「働く」とは何かと問われた彼らの回答は、「人と関わりが持てる」「働くとはつながること」「生活の一部」「誰かのために仕事をする」「漠然とした夢を実現させる」「社会に出る第一歩」といったものでした。

無業状態から働くにいたった彼らの言葉や経験は無業状態に陥っている多くの人（200万人以上、若者の16人に1人）へのメッセージとなりえます。おそらく同様のことを私が言うよりもはるかに説得力を持ちえるのではないかと思います。つまり、微力ではあっても無業社会を変えるきっかけとなりうるのです。

無業になったり、あるいはひきこもってしまったりすると孤立してしまいがちです。しかし、You are not alone!　同様の環境、状況下にいる人はたくさんいるわけですから、そこで結びつくことは可能です。

2013年には「ひきこもり大学」という試みも始まっています。これはひきこもっている本人が先生になって、ひきこもっていた経験や知識・知恵を親や家族、関心のある一般の人たちに伝えることによって、周囲の誤解を解き、家族関係を改善していくことを目的としたものです。

「ひきこもり大学」のサイトには「……最大の特徴は、基本的に当事者が先生になり、ネガティブと思われていた『空白の履歴』の経験や知識、知恵を価値に変えることにあります。（中略）生徒は授業の後、もし価値があると思えたら、その分の金額を授業料として寄付金箱に募金をして頂きます。先生を務める当事者の交通費などの報酬に宛ててもらおうというのが趣旨ですので、募金して頂くとしても1コインで十分です」とあります。

このように、ひきこもることや無業となってしまった経験自体にも価値が生じうる、「はたらく」ことにつながりうるのだということは、「仕事」というテーマにとって注目に値することだと私は思います。

THE ESSENCE
OF
WORK
CHAPTER4

第 4 章

多様な
ワークデザインに
向けて

働き方の選択肢は増えている

現在ある職業の多くが技術革新によってなくなるだろう（テクノ失業）と第2章で述べました。

すると、失業者が増えて仕事がどんどんなくなっていくのだろう、と予想されるであろうと思います。ロボットによってどんどん職が奪われていく、という未来はまず覆されることはないでしょう。

しかし、職は減るばかりではありません。ＩＴ技術の進歩やグローバル化によって、新たな職も生み出されつつあるのです。

ネオ職人

たとえば、「ネオ職人」。何らかの技能を持つ職人たちが、会社に属さずに多額の報酬を得ているという例です。

私が驚いたのはＬＩＮＥスタンプ職人。ユーチューバーの存在までは知っていましたが、素人がＬＩＮＥスタンプで半年に２０００万円も稼げるとは思ってもいませんでした。これはパソコンで絵を描くことを趣味にしていた理容師の女性の話です。１セット１２０円のものが50万セット売れてＬＩＮＥが４０００万円、制作者が２０００万円という収益を手にしたということです。

２０１５年4月29日の日本経済新聞で同時に紹介されていたのが、ネオ寿司職人です。グローバル化に伴って海外の和食店は８万９０００店以上ありますが、その中で日本人の寿司職人は引く手あまたとなっており、タイのバンコクでは月収50万円の求人が普通で、高級店の料理長であれば年収１０００万円を超える状況になっています。しかも、海外の寿司屋では大した技術が求められているわけでもなく、寿司職人養成校で半年から1年で技術を身につけると職人として職が得られるというのです（個人的にはそのような寿司職人の握った寿司など食べたくもありませんし、それならばロボットに握らせればよいだろうと思いますが……）。

ともあれ、従来にはなかった働き方が生まれていることは確かだといえるでしょう。ということで、この章では多様なワークデザインを紹介していくことにします。

企業の多様なスタイル

現在、企業に所属しないという選択肢も広がっています。あるいは企業に属しながらも在宅勤務（テレワーク）、企業に属しながらも他の仕事もやる（パラレルキャリア）といった働き方も出てきています。

まずは、第3章と被りますが、企業に就職するといってもその働き方は企業によって様々なのだということから話を始めることにしましょう。

大企業か中小企業か

大企業がいいのか、中小企業がいいのか、ということはよく議論の対象となっています（大企業と中小企業の区分については第3章）。

一般には、それぞれのメリット・デメリットについて次のように考えられています。

・一般にいわれている大企業に就職するメリット・デメリット

メリット　収入・雇用の安定性、倒産リスクの低さ、メンバーシップによるセーフティネット、メンバーシップによる外部認知の高さ、福利厚生の充実、スキルを身につけやすい、転職・起業の際の人脈を作りやすい

デメリット　官僚主義的ヒエラルキー、それに伴う自己裁量領域の狭さ、不本意な配属・転勤を受け入れざるをえないこと

・一般にいわれている中小企業に就職するメリット・デメリット

メリット　自分の考えが反映されやすい、人間関係の濃密さ（デメリットにもなりうるが）

デメリット　倒産リスクの高さ、収入の不安定性、転職・起業の際にバックグラウンドがない、外部認知の低さ、福利厚生などの手薄さ

このように列挙してみると、何をしたいのか、を問わずに経済的安定性に焦点を当てて考えると、入れるものならば大企業に入っておくほうが有利なようです。スキルを磨くにも優位な条件がそろっているといえるでしょう。

しかし、様々な業種を中に持つ大企業では「自分は何をしたいのか」「自分はどういう

人と働きたいのか」「自分はどの土地で生活したいのか」といった点が後回しにされがちです。

また、大企業に入ったからといって将来が約束されるものでもなく、終身雇用はほぼ崩壊したと考えておくほうが無難です。「とりあえず大企業ならば安心」という意味で職を選ぶという考え方は捨てたほうがいいでしょう。

「どこに行けば安泰か」よりも、大企業であれ中小企業であれ「どういう事態が起きてもサバイブしていける力を身につける、会社がつぶれても他社、あるいは企業以外の団体から声がかかる自分、あるいは自ら売り込める自分を作る」ことを考え、自分の仕事と社会との関係を考えるという姿勢が重要になってくると思います。

先にあげたような大企業、中小企業についてのおおまかな一般論はある程度までは妥当なものだといえるでしょうが、これらの一般論は個々の企業に当てはまるものではありません。そして、自分が帰属することになるのがまずは一つの企業である以上、一般論が必ずしも当てはまるわけではないのだと考えることは必要です。

「大企業では上司、クライアントが自分の意思とは無関係に決定されてしまう」「大企業では上下関係が絶対視される」ということが当てはまらない大企業もあれば（新入社員が直接社長に提案できる会社もあります）、中小企業であっても、体育会系のような上下関係のために、あるいは強力なヒエラルキー維持勢力のために個人の裁量が認められないような企業も多くあります。

「中小企業は実力主義」「結果を出せば、すぐに昇格できる」という幻想をいまだに抱いている転職者も多いようですが、それは経営者の考え方次第であって千差万別です。実力のある社員が次々と辞めていき向上を目指さない現状維持型の社員ばかりが残っていく定着率の低い中小企業はとても多いようです。

中小企業ではジョブ型が多くなっていますが、大企業でもメンバーシップ型からジョブ型へ移行を図っている企業も増えつつあり、政府もその意向を促進しようとしています。

しかし、大企業がジョブ型に完全に移行すると、現在のメンバーシップ型のメリットを捨てるということになり、仕事を失うことになる人も多くなるだろうと思われます。さらに、若者は年功序列を前提とした「先行投資としての下積み」を受け入れられなくなるでしょうし、また企業はスキルの高いベテランと比べてスキルの低い若者を雇用する理由もなくなるでしょう。それらを考え合わせると、大企業においてはそれほどスムーズには移行していかないだろうし、急速な移行に伴うリスクが大きすぎるのではないかと思いますが……。

（注）「ジョブ型」とは、特定の仕事に対して人を配置し、その仕事の遂行能力や成果に応じて雇用の継続や待遇が決まる諸外国に一般的な雇用の形。「メンバーシップ型」とは、職務を定めずに人を採用し、人に対して仕事を割り振り、メンバーとしての雇用安定を得るという、我が国特有の雇用の形（就「社」ともいわれる）。

というわけで、まずは大企業か中小企業かというカテゴライズをやめて、さらにはベンチャー企業、ＮＰＯも含めて、様々な働き方の選択肢を紹介することにします。

大企業の変革

大企業といえば、がっちりとした組織図があり、提案が通るまでに時間がかかる、またヒエラルキーからは抜け出せないものだと考えられがちですが、そこに風穴を開けようとするとり組みも生まれています。

つながりを作る（縦割りからの脱却）

2015年リクルートキャリア主催のグッド・アクション2014で部門賞を獲得したパナソニックの「One Panasonic」。「社内横断的な交流の場を作り上げたことに加え、大企業が陥りがちな縦割り的組織からの脱却に果敢に挑戦し、今も維持・発展に向け努力している」という点で評価されたとのことです。

有志の会「One Panasonic」代表の濱松誠氏によると、次のような社内団体です。

「もっとイキイキ働きたい」「会社を良くしたい」、そのような同じ志を持った社員たちが交流できる場をつくりたい、という社員の想いから始まりました。組織の枠を超えた交流を図ることで、社員の志・知見・人脈を拡大し、面白くて新しいものをどんどん生み出せる土壌をつくるべく、社員が自発的に活動している有志の会です。

掲げる目標は、

①志・モチベーションの向上

②知識・見識の拡大

③組織・年代・国籍を超えた人的ネットワークの構築

活動のメインは、2〜3か月ごとに開催する全体交流会で、数百名が参加する大規模なもので、縦・横・斜めのつながりをつくることを主な目的としています。役員とのダイレクトコミュニケーションによる縦のつながりが一つ。2つ目が、カンパニー単位や関係会社を超えた横のつながり。3つ目が、「ようこそ先輩」というミドルを招くプログラムを通じた斜めのつながり。対話セッションを通じてロールモデルと出会おうというものです。交流会は本社のある大阪で始まって東京、福岡にも広がっています。

ベンチャースピリットをとり戻す（**社内起業家の育成**）

また、富士通では漠然と歯車のように仕事を消化するだけではいけない、ということで何のために働いているかを問い直す全社員対象のイノベーション教育プログラム「実践知リーダー養成塾」という試みを2011年4月から行っています。

株式会社富士通総研「実践知研究センター」の大屋《おおや》智浩《ともひろ》氏の言葉を引用しながら紹介しましょう。

……もう一度、当時のような現場起点のイノベーションを「富士通」の中で活発にしていこうと、「こういうことをやりたい」という意思を持った人たちを支援するための〝場〟と〝関係性〟を提供するために始まったのが「実践知リーダー養成塾」です。

富士通グループ全社を対象とした同塾のプログラムには、入社して数年の20代若手社員から50代の事業統括部長クラスまで、実に様々な世代や部門からの応募があります。また、自分が抱いている課題や関心をテーマに、プロジェクト立ち上げに挑戦することが参加要件になっています。

このプロジェクトによって東洋医学の知見の活用を促進するために北里大学・東洋医学総合研究所との共同研究を立ち上げた訓練生や、地域が抱える課題の掘り下げをもとに、自治体行政への営業方法を見直したという訓練生もいます。

社内起業家として、職場の上司を説得して事業化できるだけの予算、人員、時間を勝ちとるという課題もクリアする必要があり、その経験を通じて社内にイノベーションを起こしていけるリーダーが育成されるということです。

こうしてみると、大企業＝個人の不自由という等式はすべての大企業についていえるものではない。一部の大企業ではむしろ個人の「やりたいこと」が、大企業のバックアップを得ることで実現可能なものとなる循環も生まれつつあるのです。

ベンチャー企業で働くという選択肢

最近では、東大などの就職に優位な学生が大手企業を蹴ってベンチャー企業に入るという例も増えています。

オバタカズユキ『大手を蹴った若者が集まる知る人ぞ知る会社』（朝日新聞出版）という本ではベンチャー五社をとり上げて、その魅力をルポルタージュ形式で紹介しています。

著作のきっかけとなったのが「AERA」2012年10月8日号の「あえて『大きな組織』に背を向けて東大生が選んだ『中小』の企業」という記事だったそうです。その記事の締めでは、彼らの共通認識として、「人生の最大のリスクは、自分が成長できないまま年をとること」という考え方があり、大企業幻想こそリスクであるという認識がベースになっていると書かれています。確かに、大企業のメンバーシップだけでは生きていけない時代がきているのでしょうし、ブランドの庇護なしに自分を磨きあげていくこともやりがいを感じることでしょう。

この本は、著者がスローガンという会社の社長に会いに行くところから始まります。スローガンは優秀な学生と優良なベンチャー企業のマッチングをビジネスにしている会社で、「新産業・新事業を創造する社会をつくる」ことをスローガンにあげて、自分たちで直接様々な企業を訪問して優良企業を選定しています。

新卒向け求人サイト「Good find」や就活生向けの各種セミナーで、東大をはじめとした一流大学のやる気のある学生の間では知られた存在になってきています。

著者は、そのスローガンで紹介された企業の中から五社を選んで取材しています。特色は強烈で多様なのですが、いずれのベンチャーも強い理念を持ってアクセルを踏みこんでいるという点は共通しています。とにかく金儲けという拝金主義のベンチャーは紹介されておらず、従来のビジネスの枠を破ることで社会をよくする、日本をよくする、社員が充実した仕事をすることに向けてしっかりとした理念を社長・社員が共有しています。

これまで何をやってきたかに依拠しがちな大企業とは違って、これから何を作っていくかに目を向けるベンチャーは社風が合うのであれば新卒就職であれ転職であれ、とてもやりがいのある職場となるだろうと思います。もちろんきちんと相手を知っておくことが必要なのはいうまでもありませんが。

知られざる優良企業　グローバルニッチトップ企業

また、ベンチャー企業とも被りますが、世界に輸出を広げていくであろうニッチな企業も知っておきたいものです。経済産業省が２０１４年に「特定の商品・サービスについて、過去3年以内に10％以上の世界シェアを確保したことのある中小企業」などの条件で募集したところ、２週間あまりで２８１件の応募があったということです。さらに応募企業を「収益性」や「戦略性」、世界市場シェアなどの「占有力」や海外売上高比率などの「国際性」といった視点で定量・定性評価を行い、１００社にまで絞り込んだものが、「グローバルニッチトップ企業１００選」です。特定分野の製品などに強みを持ち、高い世界シェアと利益率を両立しながら海外展開をする優良国際企業です。

たとえば、漁船上で使用される「全自動イカ釣り機」の製造販売で世界市場シェア約7割を占める東和電機製作所（北海道・函館市）や、光ディスクスピンドルモーター用の焼結含油軸受で世界シェア9割を占めるポーライト（さいたま市）、40分の1ミリメートルの超極細糸を活用した衣料織物を製造する天池合織《あまいけごうせん》（石川・七尾市）といった企業が選ばれています。

ちょっと気になる人は検索してみてください。社員を募集しているかどうかは会社によりますが、こういうことをしている会社もあるのだと知っておいて損はないと思います。

NPOで働くという選択肢

直接的に社会に貢献したい、社会の問題を解決することを仕事にしたいという気持ちがある人たちにとってはNPOに就職するという方法もあります。NPO法人（特定非営利活動法人）といえば、非営利なのだから収入がないのではないか、ボランティアの延長ではないのかと思われがちですが、全国で4万5000（2015年3月末）あるNPO法人の7割弱は黒字になっています。日本政策金融公庫が3500の調査対象に収入の内訳を聞くと、介護サービス料などの「事業性収入」が平均で約9割を占め、寄付金や会費収入は計1割弱。年間の平均収入は約3300万円で、1億円を超えるNPOも約7％という結果が出たということです。また、有給職員の6割超が20代から30代という若い職場となっています。

職種も様々で地域活性化、ベンチャー企業支援、環境保護といった分野から教育、福祉、介護など多様に広がっていますが、それぞれの設立趣旨が明確なので自分が参加したい分野の仕事に参加できるというメリットがあります。もちろん社会に貢献できているという実感も得られやすいことはいうまでもありません。

NPOや優良なベンチャー企業で働く場合、仕事へのモチベーションや所属する団体への積極的帰属意識を持ちやすいといえるでしょう。第3章で述べたように、日本はエンゲージメント（社員の組織への貢献意識やモチベーションの高さ）が先進国中最下位なわけですが、NPOや優良ベンチャー企業（優良としつこく繰り返しているのはベンチャーの中には利潤追求最優先のブラック企業そのもの、という企業も多いからです）で働く人たちを対象にすると、エンゲージメントはとても高くなると考えられます。

自社の利潤追求のみを目標とする企業の中で出世競争によって身をすり減らすよりは、社会貢献の実感が持てるNPOで働きたいと考える若者が増えているのもうなずける話です。

海外の企業で働くという選択肢　グローバルな環境を求めて

日本のガラパゴス化した企業風土（これも強引なカテゴライズにすぎないのですが）を離れて、海外に出てグローバルに働こうという若者も増えています。勤務時間の20％は仕事以外の好きなことをしていいというグーグル、「社員をサーフィンに行かせよう」で有名なパタゴニアなどの日本には今のところ存在しないような海外の企業の社風に惹きつけられたとか、グローバルトップエリートの働き方（リンダ・グラットン『ワーク・シフト 孤独と貧困から自由になる働き方の未来図〈2025〉』〈池村千秋訳、プレジデント社〉に描かれているような）、巨額な収入（たとえば、フェイスブックでは、大学新卒の開発者は月給1万ドル、加えて福利厚生、10万ドルのボーナス、さらに20万ドルのストックオプション〈自社株購入権〉が期待できます）、世界を股にかける事業規模の大きさに惹きつけられたとかいう動機もよく耳にします。

これらはいわゆる「セカ就」（世界で就職する）ブームを生んだ原因となっています。あるいは貧困国の人々の生活に触れ何とかその助けになりたいと思ったという声もよく耳にします。これは海外ボランティアに始まり、ＮＰＯ、ＢＯＰビジネスにつながる動機となっています。

ＢＯＰビジネス

途上国における貧困層対象（Base of the Economic Pyramid）のビジネスをＢＯＰビジネスと呼びますが、これは現地における様々な社会的課題（水、生活必需品・サービスの提供、貧困削減等）の解決に資することが期待され、持続可能な新たなビジネスモデルとなっています。

ＢＯＰは１人当たり年間所得が２００２年購買力平価で３０００ドル以下の階層であり、全世界人口の約７割である約40億人が属するとされていますから、マーケットとしては非常に大きく（5兆ドル規模と見られています）、また世界に貢献する仕事ということで満足感の得られる仕事ともいえるでしょう。

経済産業省も２０１０年にＢＯＰビジネス支援センター（英語名：Japan Inclusive Business Support Center）を設立し、この分野を支援しています。支援理由としては①日本企業の海外展開支援②途上国における課題解決③アジア等の所得向上への貢献があげられています。

日本企業では住友化学が、マラリア予防用に殺虫剤を練り込んだ糸使用の蚊帳「オリセットネット」を開発。国際機関の支援により、50以上の国々に供給しています。これは、殺虫効果が5年以上持続し、経済的・効果的にマラリアを予防できる点が高く評価され、需要が拡大しており、また、タンザニアで生産を行うことで約7000人の雇用を創出し地域経済発展にも貢献しています。

さらに、テレビ番組でもとり上げられましたが、日本ポリグルという中小企業では、水質浄化剤の製造を行っており、この水質浄化剤を活用しバングラデシュに安全な飲み水を提供し、さらに先の住友化学同様に、現地の人たちによる販売ネットワークを構築し、地域経済発展にも貢献しています。

視野（選択肢）を広げよう

今の時代に仕事を選ぼうとする際に日本の中という枠に縛られる必要は全くありませんし、海外で働くというのは決して特殊なことではありません。視野を広げて選択肢を多様にするほうが自由度は増しますし、より積極的な選択に向かうことができます。先にもあげたように、世界で就職することを「セカ就」という呼び方で奨励する風潮もありますが、少し前に流行した「ノマド」という働き方同様、それは一つの選択肢であって、他の選択肢よりも優位なものだとは限らないということは念を押しておきます。「起業」ブームであれ「ノマド」ブームであれ「セカ就」ブームであれ、成功者の言葉しか語られていないことに気づく程度の判断力は持っておきたいものです。もちろん、これらの働き方も視野に入れてみてほしいということで、ここで選択肢として提示しているのですが。

上司がいない会社

アメリカ企業の社風は非常に多様で、日本では見つけがたい労働環境の中に身を置くこともできます。たとえばメンロー・イノベーションズというＩＴ企業にはボスや中間管理職はいません。全体の動きを調整するのは毎朝の社員全員による打ち合わせです。この会社はすべてをオープン・フラットにしており、社員の採用審査も現場の社員が行います。応募者は社員による面接を受け、内定は全員の意見が一致するまで決まらない。昇給や解雇も同様に集団的意思の下で決定されます。オフィスの横にあるチャートには社員の名前と肩書き、そして給料の額までも張り出されています。ある社員によると自分の給料を同僚に知られるのはむしろすっきりするということです。

また、ウエブサービス企業のギットハブでは、すべての社員が自分でスケジュールを決め、どのプロジェクトに関わるか自分で選ぶことができるといいます。さらにハイテク素材ゴアテックスで有名なW・L・ゴア&アソシエーツには肩書きというものがほとんどなく、ほぼ全員が「アソシエイツ」だといいます。社員は年に一度一堂に会して会社への貢献度に応じて同僚たちの業務評価を行い、この評価をもとに、別のアソシエイツからなる委員会が昇給や減給を決めます。アメリカではこのようなフラットな組織は増加中であり(日本でも徐々に生まれつつありますが)、序列の中での息苦しさを感じる若者には魅力的な社風だといえるでしょう。

ただし個のスキル、コミュニケーション能力がないとフラットな会社で働くのは厳しくなる、というのはいうまでもないでしょう。

グーグルの労働環境

アメリカの企業といえば、「フォーチュン」誌が選ぶ働きがいのある企業の第1位に四度選ばれたグーグルに触れないわけにもいかないでしょう。

第3章でも少しとり上げましたが、グーグルの採用は非常にユニークでそれを突破するのは非常にハードルが高いのですが、グーグルに行きたいか否かは別として、働きがいのある労働環境の一例として知っておくのはよいかと思います。シリコンバレーの本社で人事部門のディレクターを務めるマット・ワービー氏へのインタビューから少し紹介しておきます（「クーリエ・ジャポン」２０１４年1月号から）。

グーグルにとって何よりも大切な資源は「人」であること。優秀な人材を採用し、自分には物事をよりよくする力があると彼らが感じられるようにすること。そして、同僚は自分のアイディアに耳を傾けてくれると感じられるようにすること。そうすることで、社員は自分のアイディアを話したがるようになり、それが会社にとって大きな力になる、ということです。

三つの運営基本方針は「企業使命」を信じる人材を採用すること（企業使命とは、誰もが世界中の情報にアクセスでき、それを使えるようにすること、テクノロジーによって世界をよりよくすること、意味のある〝クールなこと〟をすることも含まれる）、次に「透明性」を重視すること、最後に社員一人ひとりに「声」を与えることだといいます。

グーグルの人事部は社員に関する厳密なデータ追跡プログラムを核としており、最適な給与水準や福利厚生制度（無料の社員食堂やダンススタジオその他）だけでなく、カフェテリアのテーブルの最適な大きさや形、昼食時の理想的な行列の待ち時間（3〜4分が理想的で、必要以上に時間をとられない一方で新しい人と知り合うには十分な長さだそうです）まで数値的な裏づけに基づいて最適値を実行していきます。

また、女性の離職率が高いという事実に行きあたって、グーグルの〝幸せ製造システム〟に何らかの欠陥があるということで詳しく調査。出産を機に離職する女性が多いという結果に対して、2007年、出産した社員に対し、育休中の5カ月間は給料と各種手当が全額支払われるようにしました(5カ月の休暇を自分の都合に合わせて分割取得することもできる)。

すると、離職率が50%下がったということです。

このような労働環境が存在し、非常に高く評価されているのだということは、念頭に置いておきたいものです。

アジアに目を向ける

欧米に限らず、アジアで職を得るという可能性も見ておきましょう。欧米の企業を目指すのがどちらかといえばエリート層に限られやすいのに対し、アジアでの就職は非エリート層もターゲットにすることができるものです。

『英語もできないノースキルの文系学生はどうすればいいのか? 就職活動、仕事選び、強みを作る処方箋 [kindle版]』(大石哲之著、tyk publishing)というやや過激なタイトルの本を読むと、日本での就職が厳しい人たちはアジアでの就職に目を向けることが可能なのだということが書かれています。

同書では、経験が少なくとも英語がパーフェクトでなくても海外での仕事はたくさんあるという例を紹介しています。たとえば、インドネシアなどでは日本人は引く手あまたで２０１２年だと日本人というだけで間違いなく仕事があった、ということです。実際に、海外にある日本食レストランは、２０１５年７月時点で約８万９０００店舗あり、世界各地で急増中です。もっとも多いのは北米で約２万５１００店ありますが、アジア地域には約４万５３００店あります。この分野だけでも日本人の求人が増加していることは想像がつきます。

ごく普通の、スキルのない日本人学生がインドネシアで仕事を探すと、大手商社を含めて10社くらいから即座に内定が出たと紹介されています。

この本で例としてあげられているのは、一流とはされていない大学を卒業時に就活に失敗して（内定ゼロ）アルバイトとしてホストをしていた若者がホストで稼いだお金でフィリピンに英語留学、ＴＯＥＩＣ３５０点というひどい状態から６００点くらいにまで引き上げてからインドネシアで就職活動をすると、準大手の日系の商社を含めて３社から内定が出たという話です。

彼は、日本人がオーナーと社長をしているインドネシアの食品商社を選びました。この会社は日本から食材を輸入してインドネシアのホテルやスーパーに卸していて、社員は200名（日本人は数名）。そこで、彼は日本からインドネシアではとれない魚と野菜を輸入して現地レストランに納入する仕事をしているそうです。会社の業績も急成長していて日本食のスーパー、さらには自社ブランドの高級食材まで製造しています。確かに給料は日本と比べると安いのですが、物価が日本の3分の1くらいであることに加え、プールとジムつきのタワーマンションの家賃、お抱え運転手は会社持ち、という条件も考えると、日本のサラリーマンよりはよい暮らし向きだといえるでしょう。

広々としたタワーマンションに住み、朝6時からジムで運動して6時45分に運転手が迎えに来て、会社は夕方の7時に終業という生活は日本のサラリーマンではなかなか難しいかもしれません。日本の就活戦線では不利にならざるをえない状況にいる若者たちにとって、このような選択肢もありうるということは知っておいてもよいかと思います。

パラレルキャリア　専業禁止・副業推進の会社

最近、副業を禁止しない、あるいは奨励する会社も増えています。よくよく考えると一人の人にはいろいろな能力もあるわけですし、いろいろな人や仕事と出会うことで一つの能力にも広がりが出るのですから、今まで副業が禁止されてきたのが不思議なくらいです。

もちろん、リーマンショック後に東芝や富士通が副業を認めたのは収入減を補うことができるようにということでしたが、今や、本業と競合しない副業を細々と行うことではなく、本業が副業を助けることもあれば、副業が本業を助けることもあるということで、副業を奨励する会社も増えつつあります。さらにはそのことで会社だけではなく個人の能力、地域の活性化まで引き起こそうという会社も出てきています。

その中の一つにエンファクトリー株式会社というIT関連の会社があります。この会社のサイトの採用情報ページには次のように掲げられていました。

「社内は自由な雰囲気で企画やアイデアを積極的に提案できることはもちろん、自分自身がローカルプレナーとなり、情熱を持って『縁』を作り出すために、〝専業禁止！〟を合言葉に、副業を推進しています」

ローカルプレナーとは、「ローカル」と「アントレプレナー」を組み合わせた造語で、専門家や個人事業主に限らず、企業に勤めながらセカンドジョブやＮＰＯ活動、ボランティアなどを通じて地域に貢献し、自己実現に向けて個々人の意志で仕事や生活を推進する人々のことを表します。

これには、いわゆるプロボノ（第1章で触れた通り、各分野の専門家が職業上持っている知識やスキルを生かして社会貢献するボランティア活動を指します。これは「はたらく」ことそのものであり、江戸時代の「ツトメ」自発的バージョンといえます）も含まれることになります。この会社では、そうしたことの支援を主要な事業としながら、自社の社員にもローカルプレナーとしての活動を推奨します。

なお、この会社では「フェロー」制度も用意しています。退職・独立しても、会社との関係を断ち切らない仕組みのことで独立しても会社との取引を続けられるという制度です。

加藤健太《かとうけんた》代表取締役の言葉を引用します。

「縛ることで創造性は生まれない。社員が自立しないと、会社は硬直化するだけ。必要以上の日々の業務報告なんて時間の無駄。自立したプロが集まる場が会社であればいい。だから、個々が内外で存分にスキルを発揮していけばいいんです」

さらに会社のPRには、「会社の仕事だけに、長い時間を費やすことはこれからの時代を『生き抜く、活き抜く』には足りず、リスクさえあります」。

会社外で働く力のある人こそが会社に利益をもたらすという発想は、これからの社会を示唆しているとも考えられます。会社の名刺一枚、メンバーシップのみで一生やっていける時代はもう終わりつつあるのかもしれません。

エンファクトリーの言う副業をパラレルキャリアと呼ぶこともあります。これはピーター・ドラッカーの提唱した概念で、サラリーマンが本業を持ちながら、ボランティアをしたり、趣味に関連するショップを運営したりNPOに参加したりして新たなチャレンジをしていくということで、単なる副業という概念を少し超えたものです。これによって会社外部の人間関係を持てたり、あるいは趣味を生かしたり、新たな世界観や喜びを得たりすることもできるという考え方です。

もちろん生活のほとんどを所属する企業に委ねてしまうというリスクを避けることにもなります。生活のほとんどを一カ所に委ねてしまうと、「遊び」部分がなくなり、不当な要求に対しても「背に腹は代えられん」ということで自分のあり方を裏切ることにもなりかねません。これは「個人の生き方」を奪われてしまうようなものです。

パラレルキャリアを望んでいる人たちがあげる理由は予想通り「お金が欲しいから」が最上位にきますが、それと拮抗して「生きがいが欲しいから」もあげられ、さらには「今の会社が長く続くとは思わないから」という理由があげられています。もはや終身雇用は形骸化しており、一生一つの仕事をするというのはレアケースになりつつあるという実感があるのでしょう。仕事に対する価値観も変容し、経済面のみならず自己充実度、社会貢献度などの価値観も重視されるようになりつつあります。そうした中で本業以外の世界で働く場を見出すことはセーフティネットにもなり、自分を高めることにもなるという点で有効性が高い方法だと思います。

あるいは自分の本業のスキルを生かしてプロボノをするという選択肢もあります。「カセギとツトメ」現代バージョンですね。

江戸時代の商人は、1日におおまかに分けて四つの仕事をしていました。朝は隣近所に声をかけ、町の道や橋が破損していないか様子を見て回り、その手当てをする。これが「朝飯前」の語源となっています。朝食後の午前は「カセギ」（金銭獲得労働）、昼食後は、近所の人や町のために「ツトメ」をする（「はた」を「らく」にする）、そして、夕食後は家族とゆっくり過ごす。ワークライフバランスのとれたパラレルキャリアといえるでしょう。

Living in Peace

慎泰俊《しんてじゅん》氏が理事を務めるLiving in PeaceというNPO法人は専従職員を持たず、メンバー全員が本業を持ちながら週末や平日の夜に活動しています（慎氏は若者力大賞2014年でも受賞しており、著書『働きながら、社会を変える。ビジネスパーソン「子どもの貧困」に挑む』〈英治出版〉、『ソーシャルファイナンス革命 世界を変えるお金の集め方』〈技術評論社〉はとてもお薦めです）。

この団体は「すべての人にチャンスを」をモットーに教育プロジェクト部門とマイクロファイナンス部門における活動をしています。サイトによれば、「教育プロジェクト部門では『すべての子どもたちにチャンスを』を合言葉に、国内の児童福祉施設の、養育環境向上と、児童のキャリア形成を支援しています」。また、「マイクロファイナンス部門では『誰もが金融サービスにアクセスできる世界』を実現するため、途上国のマイクロファイナンス機関を支援しています」。

設立後の7年で、2億円以上のマイクロファイナンス投資ファンドの企画と、二つの児童福祉施設の新設に対する、総枠1億円弱の資金調達支援という成果をあげています。メンバーが本業を犠牲にしての活動ではなく、むしろ本業を生かしながら社会に貢献する行動を持続的に可能にしているところが素晴らしいと思います。

企業に属さない生き方もある

半農半X

また、農業を行いながら他の仕事も行う「半農半X」という言葉も最近見かけるようになりました。これは、京都府在住の塩《しお》見《み》直《なお》紀《き》氏が1990年代半ば頃から提唱してきたライフスタイルで、自分や家族が食べる分の食料は小さな自給農でまかない、残りの時間は

「X」、つまり自分のやりたいこと（ミッション）に費やすという生き方です。自給しながら、自分が大切だと思うこと、好きな仕事をすることで、精神的に満たされるという暮らし方です。収入が減少しても心豊かな暮らしをしたいという人たち、特に20代から40代の人たちから共感を集めているようです。

先のパラレルキャリアの本業を農業に置き換えてみると、本質的類似点を見出せます。一つの企業への滅私奉公的な生き方からの脱却、従来の農業の閉鎖的なあり方からの脱却、自分の価値観を大切にする、ということです。

半農半Xで生活する人の中には、「半農半NGO」「半農半歌手」「半農半ライター」「半農半保育士」など様々な人がいます。テレワークが可能となっている現在、半農半起業家、半農半プログラマーなども生まれてきています。

昔、「フリーター」を祭り上げる文脈で「歌手を目指すフリーター」「夢を追いかけるフリーター」などがもてはやされ消えていきましたが、こちらはベースが農業に置かれているだけに、足がしっかりと地についているような印象を受けます。

半農半Xは若い世代に限らず、築100年を超える広い古民家で田舎暮らしの体験希望者を受け入れている70代の女性、得意の蕎麦ぼうろづくりの腕を生かして教室の講師になった80代の女性などという高齢者たちもいます。

パラレルキャリアであれ、半農半Xであれ、これからの時代の幸福を目指すライフスタイルのモデルとなりうるものだと思います。

仕事がなければ仕事を作る

自分に合う仕事がない、とか、就職を拒まれてしまったとかいう場合には、自分で仕事を作ってしまうという手段もあります。既存の仕事に就くことだけが選択肢なのではありません。第2章で述べたようにロボットの進歩によって既存の職の多くはこれからなくなりますし、「2011年度にアメリカの小学校に入学した子どもたちの65％は、大学卒業後、今は存在していない職業に就く」と言っている専門家もいます（ニューヨーク市立大学大学院のキャシー・デビッドソン教授）。

参考までに、1920年（大正9年）の国勢調査で国民から申告された職業は約3万5000種、現在の厚生労働省の「日本標準職業分類」によれば2167職種となっています。日本は多様性を切り捨てて業種を絞り込むことで経済発展を遂げたともいえますが、今や高度経済成長は終わりを告げつつあります。今こそ働き方に多様性をとり戻すべきだといえるでしょう。身近なところに職を作るという戦略は、いわゆるグローバルエリートを目指さない人たちのサバイバルとしては有効な方法だと思います。

問題だらけの現代社会においては、問題のごく一端の解決に関わるだけで仕事になるわけですから、仕事のネタはいくらでもあるといえるでしょう。震災後にできたイノベーション東北なども多数のチャレンジを提示して仕事のマッチングを行っていますし、今や規模も大きくなり非常に有名になっているNPO法人フローレンスも、子どもが病気になって働きに行けないという母親を助けたいという身近な問題の解決から始まっています（駒《こま》崎《ざき》弘樹《ひろき》『「社会を変える」を仕事にする　社会起業家という生き方』〈ちくま文庫〉はとてもお薦めです）。

仕事を探すことに疲れたら、あるいは今の自分の仕事が自分の生活を蝕むものであるのであれば、身近な問題に目をやってみると新しい仕事（副業でもいいのですが）のきっかけが見つかるかもしれません。

葉っぱビジネス

映画にまでなった（2012年『人生、いろどり』）とても有名なことなので今さらという感じもしますが、葉っぱビジネスを例にあげることにします。

徳島県上勝町、人口1733人で、四国で最も人口の少ない、高齢化率が50％を超える町です。1980年代、上勝町の人口は年々減少し、主な産物であった木材や温州みかんは出荷が伸び悩んでいました。1981年には寒波によりほとんどのみかんが枯死し売り上げは約半分になってしまいました。この大災害を乗り切るため、お年寄りが活躍できるビジネスはないかと模索した結果、生まれたのが葉っぱビジネスです。

葉っぱビジネスとは、「ツマモノ」と呼ばれる日本料理を彩る季節の葉や花、山菜などを、栽培・出荷・販売する農業ビジネスのことです。

このビジネスを思いついたのは横石知二《よこいしともじ》氏（現・第3セクター・株式会社「いろどり」取締役）です。当時、農協職員であった横石氏は、みかんにとって代わるしいたけやキウイといった新たな農作物の生産に挑戦していましたが、都会の料理屋で「この料理についている葉っぱかわいいね」という女性の声を耳にします。これを聞いて、横石さんは「葉っぱ」ならば町にたくさんある、これがビジネスになると町を救うことができると考えたのです。

しかし、ただ葉っぱを育てて収穫すればいいというわけではありません。高級料亭などでは、季節感の演出のためにツマモノを利用するので、色、形の洗練とともに、季節を先どりした出荷が必要になります。つまり、自然に任せた生産では商品化できないのです。横石氏は、器に合ったツマモノの大きさ・美しさ、季節感の表現方法等の商品知識などを習得するために、約2年間料亭に通いつめました。

その研究と農家の努力による栽培技術の向上の結果、葉っぱはツマモノという付加価値商品として顧客に受け入れられるようになったのです。ツマモノには「彩（いろどり）」というブランド名をつけて知名度アップも図っています。

葉っぱ生産のポイントは商品が軽量であり、女性や高齢者でもとり組めることにあります。トレー50個が指一本で持てるほど軽量で、トレー一つの末端価格が500円程度という高値がつくツマモノは、耕地面積が狭く大量生産のできない上勝町で高齢者や女性が扱うには最適のものでした。今や、葉っぱビジネスには町の200軒の農家が関わり、平均年齢70歳、最高齢88歳の人が働いているということです。中には年収1000万を超える農家も出てきています。1986年にスタートしたこの事業は今や年間2億6000万円の売り上げを出しています。

しかし、この成功は葉っぱ生産にのみあるのではありません。ツマモノビジネスにおいては需給のマッチングが非常に重要になります。葉っぱは必要のないところに持っていくと全く価値がありません。たとえば、相手がナンテンを望んでいる場合、もみじの葉っぱには価値がありません。まずは需給バランスをとることが必要です。消費者が欲しいタイミングで、欲しい商品を、適切な量だけ供給できる体制の確立が不可欠です。

上勝町では、この体制を独自の情報インフラ「上勝情報ネットワーク」と、その上で提供される情報によって実現しています。

システムは次のようになっています。市場から上勝町のＪＡに入った注文は、「上勝情報ネットワーク」で全生産農家に対して一斉送信されます。注文に応じられる生産農家は電話でＪＡにエントリーし、先着順で注文をとりつけます。注文をとった農家は、ツマモノをケース詰めし、生産者番号と商品番号のバーコードをつけ、その日のうちにＪＡ東とくしま上勝支所の選果場に自分で持っていきます。選果場ではスタッフが無線ハンディターミナルでそのバーコードを読みとり、出荷情報として「上勝情報ネットワーク」上で管理・共有します。ツマモノは選果場から専用トラック「彩号」と航空便で京阪神や首都圏の消費地市場に運ばれ、翌朝の競りにかけられ、競りが終わると入札価格が「上勝情報ネットワーク」に入り、各出荷者の売り上げが確定する、というシステムです。

高齢者がパソコンを使いこなせるようにするために、入力デバイスについては、トラックボールと数字のテンキーだけを抜き出したキーボードを特注し、パソコンの画面についてはログインすると自動的にイントラネットに接続するように改良し、頻繁に講習を行いました。今や高齢者たちは楽しそうにパソコンを使いこなしています。

さらに、競争原理もうまくとり入れています。受注が電話で先着順という競争だけではありません。ネットワークシステム上では、株式会社いろどりの提供する販売動向予測、過去の出荷数量と単価の比較表などとともに、各生産農家の出荷実績や市場でついた価格、また月の売上金額累計を順位つきで見ることができるのです。そうすると、パソコンを敬遠していた高齢者も今日の売り上げはいくらだったのか、自分の今の売上高は上勝町中何位なのかデータを確認しようとします。すると、自分の順位を上げるために、個々の生産者はその出荷戦略に合わせて生産計画も立てるようになります。

また、全体の状況が見える環境を作ったことで、特定のアイテムに出荷が集中して価格下落を招くリスクも減りました。情報によって各生産者が自動的に調整を行い、結果的に町全体が儲かるような仕組みとなっているのです。

過疎化の一途だった町は、このビジネスによって活性化し、葉っぱビジネスを行う株式会社いろどりは、２０１０年8月から２０１３年末までで５００名近くのインターンを受け入れました。上勝町が70％を出資している同社は上勝町役場の一角にオフィスを構え、取締役の横石氏を含めた三人の社員で情報ネットワークシステムの運用や、受注情報の管理や情報発信による市場開拓など、当事業の実質的な運営を行っています。インターンのうち約20名が町内に移り住み、上勝町で起業し、新しいビジネスを始めた人もいるといいます。葉っぱビジネスには地域活性化のヒントが詰まっているということで、年間３００0人、町の人口よりも多くの人が視察に訪れるようになっています。

この業績によって横石氏は「Entrepreneur of the Year」の日本大会において、２００２年の特別賞（ソーシャル・アントレプレナー賞）を受賞しています。彼の言葉を紹介しておきます。

「自分のやったことが確実に自分に跳ね返ってくるという仕組みを作ると、人間は持てる力以上に頑張れるものです。いろどりを通して、今は何でも自分でものを考えるという習慣が町の中に広がって、よりよい循環につながっています。私が好きな考え方として、『人は誰でも主役になれる』ということがあります。一人ひとりが一番活躍できるものは何かを明確にし、それを演出してみると同時にその場面を作り出してあげることです。

この『いろどり』という事業活動を通して、『ここでなければ出来ない商品が、自分たちにはある』という自信が町の人たちの心の中に生まれてきました」

月に70万円稼ぐ80歳のおばあさんも、仕事が楽しくて仕方がないと言い、TBSの「全国笑顔が一番大賞」で第2位に選ばれた生産農家の78歳のおばあさんもいろどりの仕事が「面白うてしゃあないけん」と言います。充実した仕事が笑顔を生んでいるのですね。

このように、新たな仕事を作ることでこれまで主役にはなりえなかった高齢者（特に高齢の女性）も楽しく仕事をすることができ、それが町全体の活性化につながったわけです。積極的に「はたらく」ことが環境をよくし、生活を犠牲にする重労働であった農業が積極的賃金労働（⇒仕事）になった例といえるでしょう。これはIT技術を活用すること、さらには町の多くの農家が葉っぱビジネスに加わることで可能になったのです。

おそらく、これからの時代に1人で新たなことを始めるのは難しく、人とつながることで現実的な変化を生むことになるのでしょう。そして、そのつながりが個々の環境を変化させていくのです。クラウドファンディングによる資金集めも、人の共感を得られて初めて成立するものです。どのように人とのつながりを作るか、共感を得るか、ということが新たな仕事を作る際には不可欠な要素となっているといえるでしょう。

移住転職

葉っぱビジネスで成功している上勝町の話を知って、田舎で働くことに目を向けた読者もいるかもしれません。実は、国の側も地方への移住をアシストする事業を行っているのです。経済産業省・中小企業庁の委託事業「シニア等のポジティブセカンドキャリア推進事業」として、都市部在住の40〜60代のビジネスパーソンを対象にした、移住促進プログラムが始まっています。

移住転職者には、以下のような補助金が出ます。

- **転居費　20万円**
- **研修受講費　5万円**
- **住居費　10万円／月（最大半年）**

・生活支援費　最大100万円

さらに、地域によっては様々な補助が出ます（尾道の空き家バンク、高知の移住者の新築物件建築助成金など）。

対象は、都市部（仙台市、さいたま市、千葉市、東京23区、横浜市、川崎市、名古屋市、京都市、大阪市、堺市、神戸市、北九州市、福岡市）で概ね10年以上の実務経験がある人など、地方で生かせる知識やスキル、経験、人脈ネットワークを持つ40〜60代の男女に限られます。

年金支給開始年齢が引き上げられ、生涯現役という生き方が必要になりつつある現在、「老後」という概念が希薄な田舎（上勝町では80歳のおばあさんも現役で葉っぱビジネスを行っています）で、セカンドキャリアを見つける、あるいは職を作るというあり方も見えてきます。

大手企業に勤めながら退職後の生活に不安を感じている人などは、セカンドキャリアへの切り替えどきを見極めておくことも必要でしょう。もちろん、田舎にはその地域性がありますから、移住先の環境の検討は必要です。下調べもせずに移住して「田舎の壁」に突き返された、という例も多くあります。私の住む軽井沢でも、東京から転居して40年住み、軽井沢で子どもを産み育てて子どもが成人になっている人でさえ「移住組」と呼ばれ、昔からいる住民に受け入れられないという傾向が今でもあります。その傾向はかなり弱くなってきてはいますが、私自身、移住後20年を経た今も「移住組」と呼ばれることがあります。

ナリワイという生き方

続いて、ちょっとしたスキルを身につけて、それらを生活する共同体の中で生かすことで生計を立て、またセーフティネットも作っていくというあり方を見てみましょう。ここでは、伊藤洋志《いとうひろし》氏の『ナリワイをつくる　人生を盗まれない働き方』（東京書籍）から紹介してみます。

「はじめに」では、「個人レベルではじめられて、自分の時間と健康をマネーと交換するのではなく、やればやるほど頭と体が鍛えられ、技が身につく仕事を『ナリワイ』（生業）と呼ぶ。これからの時代は、一人がナリワイを3個以上持っていると面白い」と書かれています。

藤村靖之《ふじむらやすゆき》氏の『月3万円ビジネス　非電化・ローカル化・分かち合いで愉しく稼ぐ方法』（晶文社）では、「月3万円の仕事を10個作る」ということが述べられていましたが、まずは副業から始めながら少しずつやれる仕事を増やしていくというのが無難かもしれません。

そしてその仕事は、働くことと生活の充実が一致し、心身ともに健康になる仕事でなければならない、と伊藤氏は述べています。「ナリワイ」とは「生業」だから、生活でもあり仕事でもあるわけです。「ナリワイ」にはワークライフバランスという概念が生じません。ワークライフバランスとはワークとライフを二分することが前提となっていますが、「ナリワイ」は生活と仕事が融合しているといえるからです。

第1章で述べた「生活のための仕事」といいながら「生活を蝕んでいるのは仕事」、という悪循環に陥らないようにするためには、「心身ともに健康になる」仕事に従事するのが最善の手段です。たとえば、料理が好きならば、ホームパーティーの料理を担当させてもらい、最初はボランティアからスタートして少しずつ実績を増やせば小さな仕事になる、という例があげられています。確かに変な外食よりもリーズナブルで安心して食べられて、自分も周囲も楽しめて、「はた」を「らく」にすることにもつながります。

そもそも第1章でも触れたように、本来「はたらく」ことは人類の生存本能ともいえるものでした。1人の人がすることが多すぎる場合、ある部分を専門的に誰かが行うと仕事が生まれます。毎日各自がパンを焼いてから朝食を始めるのはとても大変なので、誰かがみんなのパンを焼くようにする、するとパン屋という仕事ができるわけです。そうして「はた」を「らく」にしながら価値を生み出していくのが仕事の原点だろうと思います。

『ナリワイをつくる』には様々なナリワイの例、ナリワイを作る上での様々な注意点があげられています。要は「これがあったらいいな」と自分が思うこと、「これがないのはおかしい」と思うことから始めればいいわけです。初期投資を最小にして小さな規模から始めれば失敗も痛手にはなりません。初めから大きな初期投資をして負荷を負うから失敗を恐れることになってしまい、せっかく始めたナリワイのメリットである「自分のペースで」を失ってしまうのです。ローリスク・ローリターンで徐々に育てていく選択肢を可視化しようと伊藤氏は主張しています。現代社会は事前情報が多すぎるので、いつまでたっても決断がつかないということがままありますが、とりあえず小さなことから何かしら実行してみて身をもって体験することが大切なのです。

ナリワイで「はた」を「らく」にする仕事を続けていると、「困ったら食わせてやる」という友人も持てるようになると言います。もちろん自分も「こいつが困ったら何とかしてやろう」と思える友人になることが必要なのですが。伊藤氏はこう言います。「そもそもナリワイになりやすいのは、お客さんが自分で家を建てるのを手助けする仕事など、ワークショップ的要素が強いものであり、お客さんを依存させるサービスではなく、逆に生活持久力をつけてもらうのだから、仲間をつくるのにむいているのだ（その代わり地味だ）」

さらに、ナリワイは毎年できることを増やしていく生き方にもつながります。現代は、現金収入だけが人生の絶対基準になりやすいものですが、「どれだけ自分の生活に必要なものを自分で賄えるか」という尺度もありえると伊藤氏は言います。

確かに私たちの生活は昔は自分でやっていたことを様々な外部に委ねることで成立しているといえるでしょうが、それにはコストがかかります。食事や洗濯はレストランやクリーニング屋さんに、健康は病院に、旅行は旅行代理店に、そして冷蔵庫はコンビニに、といった形で生活をアウトソーシングしているのは効率的に見えますが、人が生活する全体像が見えなくなり、生活力そのものが弱体化しているとも考えられます。そのコストを減らして自己生活力を増していけば、収入自体が多少少なくても、いざというときのリスクに対して強いといえるでしょう。年収だけを基準にして仕事を選ぶならば第1章で述べた「隷属的賃金労働」状態に陥りやすいでしょうし、世の中の景気変動や不慮の事態に脆いだろうなあと同感します。過労の疲れを癒すためにお金と時間をかけて心身のメンテナンスをし、その費用を稼ぐためにさらに働き、休息の時間は減り続け疲れがたまっていくという悪循環では、どこかで破綻をきたすことになるでしょう。

ナリワイの最大のポイントは頭も体も適度に使えて楽しいということだというのは、とても共感できます。仕事を楽しめることは笑顔につながり、笑顔はそれ自体社会資本だといえます。「隷属的」ではなく「積極的」の基本はここにあります。

ナリワイは自身の生活自給力を上げる、仲間を増やしていく、そして楽しい、ということにつながっていくわけです。そして、ナリワイとできることは探せば身の回りにたくさん見つけることができます。『江戸の生業事典』（渡辺信一郎著、東京堂出版）という本では、簾売り、たわし売り、馬糞かき、蛇使いや曲《きょく》屁《べ》（！）といった大道芸など江戸期庶民の生業500を当時の川柳から明らかにして庶民の暮らしを描いています。現代の社会には現代の社会なりにニッチなニーズはたくさんありそうです。

　ナリワイの思想には、原始共同体的コミュニティの再生、分業専門化が行きすぎた社会が全体性、身体性の感覚を失ってしまったことへの批判、という側面も感じられます。ただし、ナリワイが浸透するには外に開かれつつもある程度は閉じたコミュニティ形成が必

クラウドソーシングサービス流通金額規模推移と予測

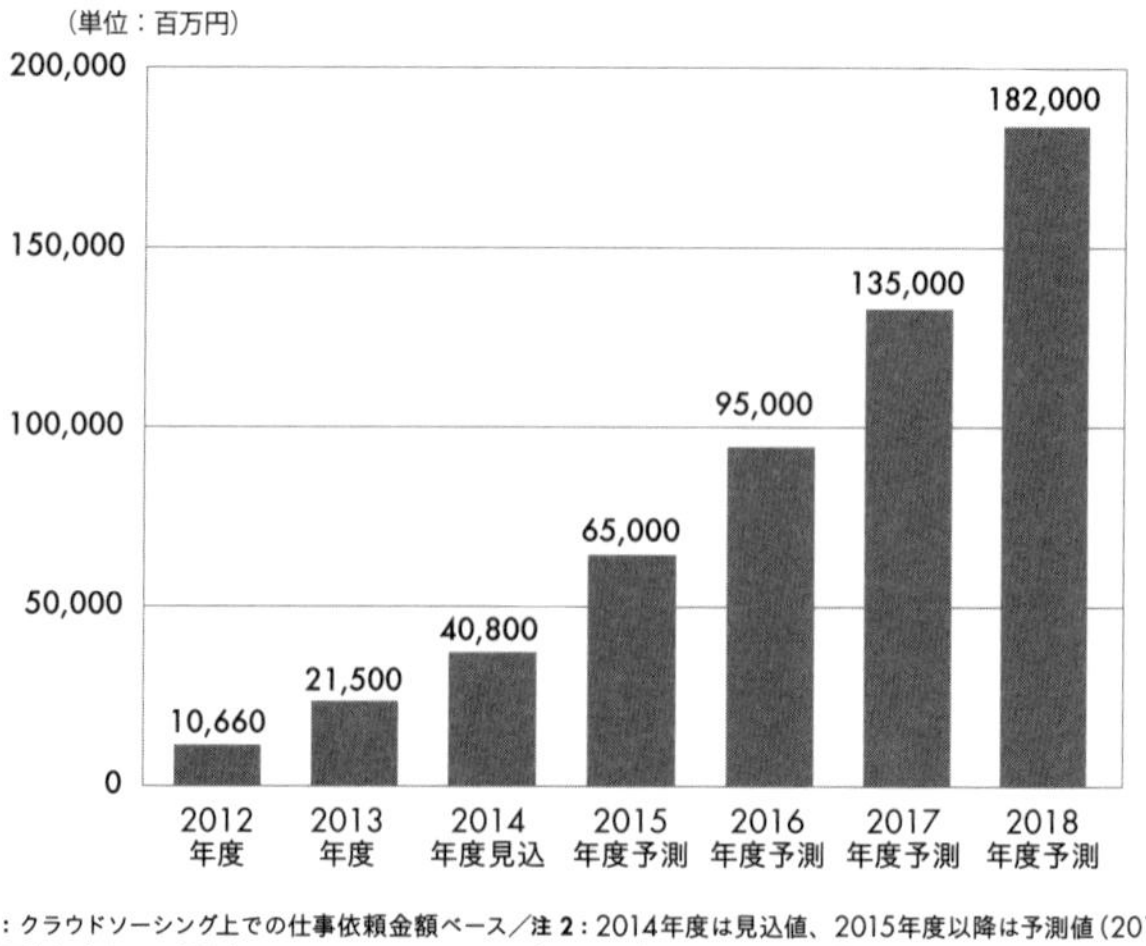

注 1：クラウドソーシング上での仕事依頼金額ベース／注 2：2014年度は見込値、2015年度以降は予測値（2014年7月現在）／注 3：本調査では、クラウドソーシング（システム）上において、企業や団体等から依頼された仕事の金額総額（成約に至らなかった仕事の金額も含む）を、クラウドソーシングサービス流通金額規模として算出した。

出典：（株）矢野経済研究所「クラウドソーシングサービス市場に関する調査結果2014」（2014年7月30日発表）

要でしょう。

閉じたコミュニティのほうが互酬性の規範は貫徹しやすく、仕事を持続的なものにするためには構成空間内の信頼の有無が不可欠だからです。身体性、生活感覚を手放さないためには個として互いを認識し合うことが重要になり、それは一般性の高い開かれたコミュニティでは難しくなります。

コミュニティは完全に閉じてしまうと、その閉塞性によって個は圧殺されかねませんから、外部とリンクしながらも互いに顔が見えるコミュニティが「ナリワイ」には不可欠な要素となります。

クラウドワーク

クラウドワークは、スキルをより広く開か

クラウドソーシングを手掛ける企業が増えている

ランサーズ	―	デザイン・イラスト、ウェブ制作に強み（ランサーズ）
リアルワールド	―	データ入力業務などを細分化して発注。2014年 9月に東証マザーズ上場（クラウド）
クラウドワークス	―	大企業からの受注に注力。2014年12月に東証マザーズ上場（クラウドワークス）
パソナテック	―	システム開発やデザイン、事務系など幅広い業務を受注（ジョブハブ）
うるる	―	働き手は主婦が中心で、事務作業などに強い（シェフティ）

出典：日本経済新聞 2015年3月2日

れた世界で活用しようという試みです。クラウドワークとはインターネットを使って不特定多数の個人に仕事を発注し、それに応じられるスキルを持った人が受注して収入を得るというものです。需給関係の情報管理による調整という点では「葉っぱビジネス」と、個々のスキルを社会に生かしていくという点では「ナリワイ」と共通する部分があります。スキルはプログラム・ウエブデザインなどＩＴ関連のものに限らず、ロゴやイラスト、チラシ作り、さらには入力や統計数字の処理といった特別な技術を要しないものまでほぼ１４０カテゴリの仕事が対象となっています。

　現在急速に普及しつつあり、ワーカー数も大手５社で１５０万人となっています。クラウドソーシングは手ごろな価格で手軽に仕事を発注する手段として、企業や官公庁などの利用が広がっており、国内市場は２０１８年度に１８２０億円と、２０１４年度見込みの４倍強に拡大すると見込まれています（矢野経済研究所の推計）。日本最大級のクラウドソーシングの会社ランサーズでは現在70万件（総額累計およそ５８０億円）の仕事依頼があります。

　ここではクラウドワークス代表の吉田《よしだ》浩一郎《こういちろう》氏『世界の働き方を変えよう　クラウドソーシングが生み出す新しいワークスタイル』（総合法令出版）を引用しながら説明することにします。

この会社のスローガン、ミッション、行動原則は以下のようになっています。

スローガン　「働く」を通して人々に笑顔を

ミッション　21世紀の新しいワークスタイルを提供する～個の力を最大限活性化し、社会の発展と個人の幸せに貢献をする

行動原則第1項　「わくわくしよう！」

さて、クラウドソーシングが求められる理由を吉田氏はこう述べます。

① **企業が仕事を発注したくても、どんなスキルを持つフリーランスがどこにいるのか探せない。**

② **企業のルールや商習慣がフリーランスに仕事を発注しづらくさせている。**

③ **従来の会社の枠組みの中では、エンジニアやデザイナーの業務効率が最大化できていないところがある。**

これらを解決するのがクラウドソーシングだというのは納得のいく話です。仕事の発注の仕方の多様性（プロジェクト型は1人の受注者の募集、コンペ形式は登録者が応募して企業が採用を決め、採用した作品の制作者だけに報酬を支払う、さらにタスク形式では1案件に対して複数の個人ワーカーがタスクごとに関わり、複数人によって最終的に仕事を完成させる）と、スキルを持

つ個人の明示化（きちんとした評価データ）によって①は解決します。

また、②③はクラウドワークが普及していくに従って実際にとり入れやすくなるだろうと考えられます。つまり、企業側から見ても、低価格での仕事外注にとどまらず、世界中から新しい才能やスキルを容易に探し出し活用できる、またその相手が信頼できるという情報があり活用できるということがわかればどんどんとり入れていくことになるだろうということです。②については、クライアント企業のアウトソーシング体制を構築する新事業「クラウドワークスＢＰＯ（ビジネス・プロセス・アウトソーシング）」というプランを発表しました（２０１５年５

正規雇用と非正規雇用労働者の推移

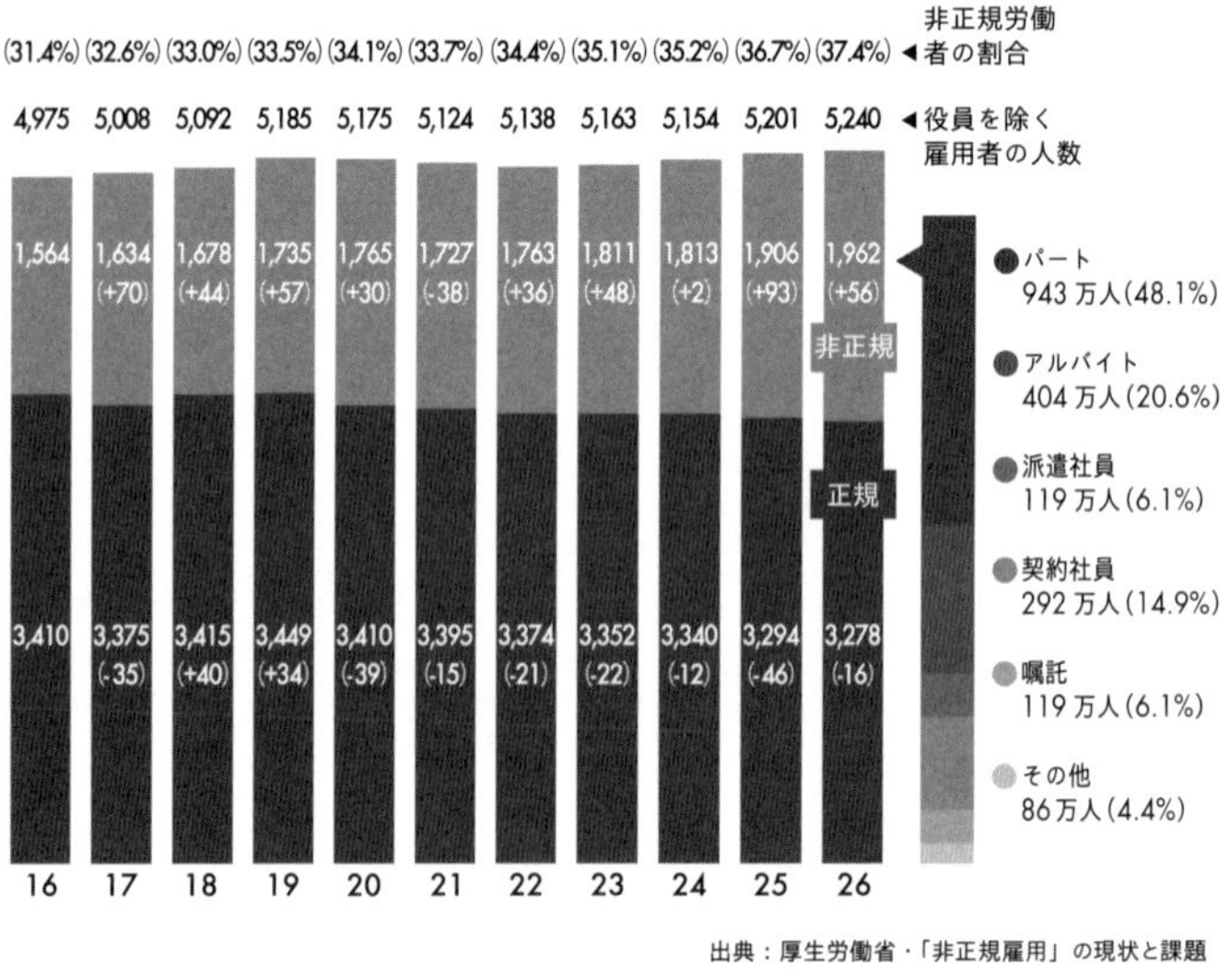

出典：厚生労働省・「非正規雇用」の現状と課題

月）。企業のクラウドソーシング利用にあたっては、内部業務をクラウドソーシング化できる範囲には限界があり、一部の業務はオンラインでは物理的に不可能といった課題があったので、クラウドワークスのスタッフがクライアント企業に常駐して、業務内容を理解した上で、アウトソーシングに必要となる組織体制を設計するというものです。

現在、企業は、抱え込むもの、つまり固定費をできるだけ少なくしていこうという方向に動いているといえます。テレワークを増やすことによる会社面積の縮小（今や購入、賃貸でもなく時間貸しでオフィスを使っている会社も多くなっています）や、良し悪しはともかく正社員の削減をし、仕事をアウトソーシングする方向性にあります。クラウドワークはこれからの時代にますます必要とされることになるでしょう。

また、クラウドワークスでは、仕上がった仕事に対して、報酬を支払う「成果報酬型」だけではなく、「時給制」も採用しています。これは業務完遂までにかかった時間で報酬を払うという方式です。業務時間はオンラインのタイムカードで管理します。仕事の進捗

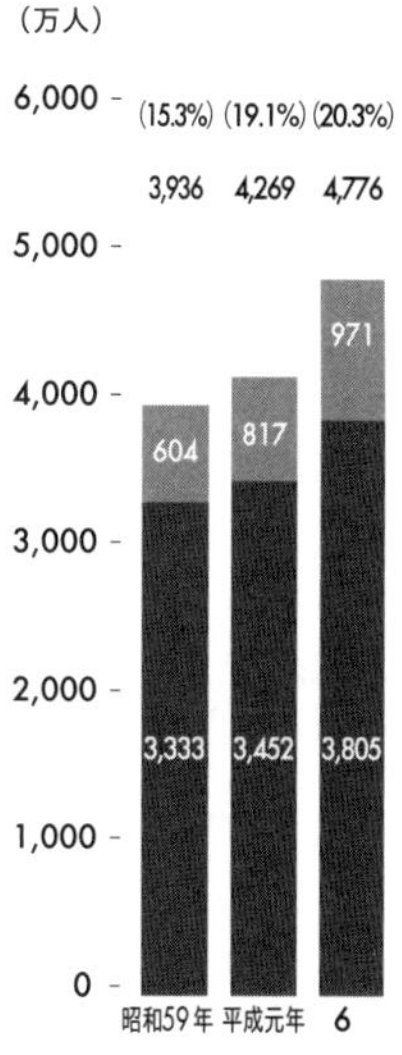

はキャプチャーでランダムな時間に画面を保存し、キータイピングやクリックの回数なども保存されるので業務時間はきちんと測定できます（これはテレワークについても同様の管理システムが多数存在しています）。

さらには、仕事の実績など一定の条件を満たした個人ワーカーに対して、福利厚生サービス会社と提携した上で正社員と同等な福利厚生を無償で提供しています。また、ライフネット生命保険と連携し、働き手が病気などで働けなくなった際に一定額を支給する「就業不能保険」を始めました（ただし適応条件は厳しいですが）。つまり、単なる仕事マッチングにとどまらず社会保障まで提供し、安心して働ける環境を提供しようとしているわけです。フリーランスへの福利厚生や保険というのは正社員が半数を切ることになるこれからの時代において、大きな社会貢献となりうるでしょう。

クラウドワークスのサイト上には、①みんなのお仕事相談所　②マイチーム　③ありがとうボタンが用意されています。

①は参加障壁を低くするために、発注希望者、受注希望者に様々なアドバイスを無償で提供するというものです。

②はチームのメンバー同士が互いのスキルや空き時間を一目でわかるように可視化しています。スキルを持った人同士でチームメンバーを見つけ、仕事が多く入ってきたときは

チームメンバーに振ったり、その逆もあったりすることで、フリーランス間のネットワークがセーフティネットとなりえます（メンバー同士は右クリック一つで新しい仕事の依頼ができるようになっており、さらにはチャット機能によって細かい相談もできるようになっています）。あるいは、チームの誰かが仕事を請け負い、メンバーそれぞれが自分の専門領域で力を発揮しながらチーム全体で一つの仕事を遂行することもできます。

③インターネットというのは顔が見えないからといって決して無機質、無表情なものではなく、やはり人の気持ちがやりとりされることで絆が生まれたり、さらなる共感を呼んだりもするもので、フェイスブックの「いいね！」ボタン同様に気持ちを何らかの形で伝えることが重要だという考えで、実際に有効に機能しているようです。

この「ありがとうボタン」は会社のスローガン「働くを通して人々に笑顔を」を形にしたものだといえるでしょう。そして私の結論「働くことの究極的な目標は隣人の笑顔である」とも一致します。

発注者・受注者が直接に顔を合わせることのないクラウドワークにおいても、人間と人間のつながり、コミュニケーションは重要だと吉田氏は言います。以下引用です。

仕事である以上、報酬は大事だ。とはいえ、実際の取引を眺めていると、決して報酬の多寡だけで個人ワーカーが仕事を決めているわけではないことがよくわかる。たとえば、発注者の言葉遣いに相手への配慮が見られず、自己中心的だったり、横柄だったりすると、どれほど報酬が高くても応募者がつかずに残っていくのだ。同じ仕事内容と報酬でも、「〇〇の仕事を今すぐやって、2日以内に仕上げてください。報酬は〇万円です」ではなく、「大変急なお願いで申し訳ありませんが、〇〇の仕事を2日後に上げていただける方がいらっしゃれば、ぜひ応募ください。報酬は〇万円を考えていますが、もし難しい場合はご相談に乗らせていただきます」と改めるだけで応募が急増する。

登録者が仕事に応募する際には、きちんと会話が成り立つ発注者かどうかを見極めているということだ。発注者と受注者が一度も顔を合わせず、インターネット上だけで仕事が完結していくといっても、そこにはやはり人と人とのコミュニケーションが求められていることを感じる。

（中略）

そこには単なる金銭の多寡だけではなく、共感やお互いを尊重しあうことを求める姿勢が生まれている。

この部分には伊藤氏の言う「ナリワイ」とおおいに共通するものが感じられます。行う仕事の内容は「ナリワイ」と「クラウドワーク」では異質といっていいほど異なっているように見えますが、本質的な部分は、人と人の助け合いです。つまり、スキルのある人が他の人の仕事を請け負うことによって生じる人間関係を重視するという点は、これからの仕事に求められる本質的な部分なのだろうと思います。

また、クラウドワークの場合、性別、年齢や国籍が問われないということも重要です。「葉っぱビジネス」同様、「クラウドワーク」では高齢者も仕事を得ることができます。在宅で小規模な仕事から始められるという点でも参画しやすく、クラウドワークスでは79歳で仕事を受注したワーカーもいるそうです。実際に、シニアの在宅ワーカーのうち、3分の1が月に20万円以上の収入をクラウドソーシングで得ているといいます。もちろんスキルが低ければ低いなりの賃金にはなりますが、クラウドワークスでは「プロ向け」案件と「経験不問、スキル不要」という案件にレベル分けしており、実務経験のない人の参画障壁を低くしています。

今、クラウドソーシングを利用して十分な収入を得るフリーランスのエンジニアやデザイナーが少しずつ生まれ始めています。半年で500万円稼ぐ人も現れ始めています。高額を稼ぐにはスキルが必要な領域であり、ワーカー同士の競争も今後厳しくなっていくでしょうが、これからの時代の働き方、あるいはパラレルキャリアとして注目に値する働き方といえるでしょう。

THE ESSENCE OF WORK

CHAPTER5

第 5 章

再び「仕事」のエッセンス

まず、これまでに述べてきたことを確認します。

第1章では、「はた」を「らく」にすることから喜びを得るような「仕事」（利他行動は本能的に幸福感を増す、ということも説明しました）を積極的に行うことで賃金（あるいは別の形での見返り）を得て、自分の生活を幸福なものにするという仕事のあり方について説明しました。さらに「仕事」の仕方を決めるのは自分であり、与えられた仕事であっても、「今日どう働くか」は自分で決めることができるのだということに言及しました。また、仕事に意味を見出すかどうかは自身の仕事に対する向き合い方の問題でもあるのだと述べました。

次に、第2章では世界の労働環境の実態を総覧し、「現在の仕事」「現在の労働環境」「これからの仕事」を脅かす要因について具体的に説明しました。時代の変化への観点も不可欠なのだということにも言及しました。

第3章では、就職、転職について「仕事」「労働環境」を選択し、自分が満足できる仕事を得るために必要なことを説明しました。仕事に対する向き合い方、会社との理念の共有、就職・転職における人と人とのコミュニケーションの重要性も強調しました。

そして、第4章では多様な働き方の可能性、特に新しい動きについて紹介し、隷属的賃金労働からの脱却、さらには「はた」を「らく」にすることから喜びと収入を得られる働き方の具体例を提示しました。ここでもやはり人と人とのつながりが重要であるということを指摘し、会社内であれ地域内であれオンライン上であれ、コミュニティの形成の重要性を強調しました。

そして、最後にこの章では再び仕事のエッセンスを考え、「はたらく」ことを通じたセーフティネットとコミュニティ形成へ、そしてコミュニティ形成によって行動の自由が得られるのだと話をつないで締めくくることにします。

仕事≠利己的利潤追求

仕事＝自己の金銭的利益のみの追求（と考えると隷属的賃金労働に陥りやすい）と考えるのは、結局のところ自分を不幸にする原因になりかねません。もちろん仕事は生活に必要な金銭獲得手段だということはいうまでもありませんし、「かせぐ」ことを棚上げして仕事について論じることはできません。しかし、生活していくことが可能な段階を越えると収入を増やすことよりも重要なことがあるという考え方も出てきます（第1章参照）。

現在、賃金獲得手段としての仕事と生活を切り離して仕事はほどほどにして生活を充実させようと考える人も増えています。また、収入は多いが不本意な仕事をして時間、自分の心身をすり減らすよりも、収入が少なくても自分が満足できる、楽しめる仕事を選ぶという価値基準で生き方・仕事の仕方を考える人も増えてきています（第1章の余談で、ミニマルライフについても言及しました）。これからの時代、ほとんどの人にはかつてのバブルのような状態が訪れるわけではなく、経済的には今よりも貧しくなると思われる時代に幸福に生きていくための選択肢の一つであると思います。

実際、好きなことを楽しそうに無心にやっている人が増えるというだけでも、社会にとって有益です。幸福な人がいると周りも幸福を感じるようになるという波及効果があるからです（アメリカで1983年から2003年までに4739人を追跡調査したデータがあり、幸福の伝播について2008年に発表されました。幸福な友人が半径800メートル以内にいると、本人も幸せに感じる確率は42％高まり、距離が1・6キロメートルに延びても幸せになる確率は25％高かったということです）。

逆に、仕事に不満を感じ愚痴ばかり言っている人は、社会にとって負の資本となるばかりではなく、その気質ゆえに思い切って転職するという選択肢を選ぶこともできず、自分にも負荷をかけ続けていくことになりがちです。結局自分にも社会（会社）にも害悪を及ぼしていることになるのです。

アダム・スミスは18世紀に『道徳感情論』の中で次のようなことを述べています。

「必要以上の富は虚栄にすぎず、追い求めても意味がない。むしろ追い求める過程で人は不幸になる。そして、首尾よく手に入れたとしても、やがてその喜びは消えてなくなる。一方、災難が降りかかっても、やがて『落ち着き』をとり戻す。

そうであるならば、富を追い求めても、不幸が降りかかっても、やがては『同じ場所』に戻ってくることになる。それを最初から理解して、本当に大事なものを追求すべきである」

必要以上の富についての警告ですが、ここでいう「本当に大事なもの」というのは何なのでしょう。

アダム・スミスは「共感」（sympathy）という概念が社会の秩序を構成していると考えました。「共感」という感情を基にし、人は具体的な誰かの視線ではなく、「公平な観察者（impartial spectator）」の視線を意識するようになると社会秩序が保たれると考えたわけです。

彼は、他者と完全に一体化することはできないことを前提としつつ、こう述べています。

「それらはけっして同音（ユニゾン）ではないだろうが、協和音（コンコード）ではありうるのであって、このことが、必要とされ要求されるすべてなのである」

今の文脈でいうと、「協和音」とは、他者との協調、つまり社会の調和状態ということになります。

この「協和音」を作ることが「仕事」の大きな目的の一つとなりうるのではないかと私は思います。仕事が対他者性を持つものである限り、社会と仕事は切り離すことはできません。協和音によって仕事が社会をよりよくし、よりよい社会がよりよい仕事を持続可能にする、という循環が成立します（「ナリワイ」のレベルでいうと、「仕事が、相互に必要とし必要とされる対人関係、コミュニティを構築し、そのコミュニティが仕事とセーフティネットを供給してくれる」と言い換えられます）。

アダム・スミスはさらに現代でいう格差社会についての批判ともいえるコメントも書いています。

「富裕な人びと、有力な人びとに感嘆し、ほとんど崇拝し、そして、貧乏でいやしい状態にある人びとを、軽蔑し、すくなくとも無視するという、この性向は、諸身分の区別と社会の秩序を確立するのにも維持するのにも、ともに必要であるとはいえ、同時にわれわれの道徳諸感情の腐敗の、大きな、そしてもっとも普遍的な、原因である」

「勝ち組」「負け組」というカテゴライズは道徳感情の腐敗の原因になるということでしょう。他者を「負け組」として排除するような社会が不健全な社会であることはいうまでもありません。自己利益を効率的に最大にすることを第一目標とする経済原理は、周囲の環境を破壊し、ひいては自己の破綻にもつながりうるのです。

他者との競争において効率的に勝利を収めることで自己利益を最大にしようとする試みは、失敗すると自己責任として競争・社会から排除されやすいものです。他方、他者・社会への貢献を動機とする試みは失敗しても社会に包摂されやすいといえるでしょう。これは自己を会社に置き換えても同様です。自己利益の最大化を求めて失敗の際のリスクヘッジを無視するというのは未熟な無謀さといえるでしょう。

もちろん自己利益を最大化することで他者の利益も最大化しようという考え方も素晴らしいですが、自己利益の最大化の手段を他者との競争のみに求める場合には、果てしないラットレースに巻き込まれることとなります。いずれは疲弊してしまい、大きなリスクを抱えることになるのではないかと思います。

仕事≠自己実現

では、仕事＝自己実現という、よく若者（どちらかというと意識高い系）が口にする等式はどうでしょう。これは思考なき定型表現にすぎないと私は思います。実際に、「自己実現」という言葉を使う人に「実現したい自己とは何なのか」と問うとたいていはそこで答えられなくなってしまいます。あるいは「自己の理想像」を誰か有名な人に重ね合わせて答える者もいます。しかし、その人が見ているのは、有名な人のごく一面にすぎません。それはその有名な人の「自己」ではないのです。

「仕事によって自己実現をした」と述べる社会的成功者（起業家、さらには大企業の社長などによく見られます）は多くいますが、「自己とは何か」などと考えたこともないナイーブな発言だといえるでしょう。「自己」はそもそも他者との関係性によって成立するものであって、他者との関係性を遮断したところにはありえないものです。ですから「自己実現」などというのはそもそも実体を伴わない言葉なのです。「自分の具体的な希望の一つを実現した」「自分が実現したものは結果的に自分が満足できるものであった」とでも言い換えておきたいもので、目標にするべきことではありません。

また、「仕事が自分を成長させる」ことはありますが、「自分を成長させるものは仕事である」というような「仕事」を神聖化したがる昭和の経営者にありがちなセリフは嘘です。仕事に限らずあらゆること（結婚であれ失恋であれ友人であれスポーツであれ読書であれ）をきっかけに人は成長（変化）する可能性を持っているのです。

私自身は自己を一つの実体に固定化する必要はないと考えています。むしろ「複数の自己」があり、それらが折り重なって流動的に変化し続けることで可塑性の高い全体像としての「自己」を成立させているととらえています。

会社にいるときの自分と、娘と話すときの自分と、仲間と麻雀をしているときの自分はかなり異なるだろうし（そしてどれも本当の自分です）、またそれぞれの自分も時間とともに変化していくだろうから、無理やり一つのアイデンティティを構想しなくてもいいだろう、というわけです。そう考えると「仕事」に「全自己」を委ねる必然はありません。

そういうわけで仕事＝自己実現という等式は捨ててしまうほうがよいと思います。仕事を続けるうちにそれが自分のしたいことと一致し、周囲にも認知されるようになることで自分も満足感を得、環境もよりよくなっていく、そういうことを地味に続けることで人に必要とされ人に役立っているという喜び、幸福感を高めていく、というほうが「自己実現」という実体を持たない曖昧なイメージよりも大切なのだと私は思います。

あるいは物を作る場合ならば、自分が望むこと、好ましいと思うことを徹底的に掘り下げていくとそれが他者の望むことと共鳴し（協和音）、広く受け入れられる物を作ることにつながり、金銭獲得手段（社会的生活手段）として成立する。つまり自分の仕事を作ることが実現される、ということもできるでしょう。

仕事→環境作り→自他ともに幸福に

仕事が見返りを生むものである以上、他者との関係性が不可欠であるということは繰り返し強調してきました。そして、仕事は既存の関係性の中で求められるばかりではなく、仕事によって新たな関係性を構築していく可能性についても言及してきました。繰り返しになりますが、仕事を通じてよりよい環境形成に貢献することで仕事から満足感を得ることになり、さらに自分の仕事が必要とされる新たな環境を生むことにもつながっていく。そうして仕事が持続可能なものになっていくという好循環が生まれます。

そもそも人は万能ではなく、苦手なこともできないこともあるわけですから、そういうことは人にやってもらえばいい。それは誰かの仕事を作ることにもなるわけですし、自分のできることがより生かされることにもなります。自分にとっても周囲の人にとってもwinwin の関係性といえるでしょう。

これは、個人についてだけではなく企業にも当てはまります。

現在、企業間では生き残りをかけた競合、合併が繰り広げられていますが、競合者を協業者として、自社にも他社にもさらには顧客にも win をもたらすという「みんなが win」という試みも行われています。

一例として味の素のガーナ栄養改善プロジェクトをとり上げてみます。

味の素ガーナプロジェクト

開発途上国における栄養不足問題を、持続可能なビジネスを通じて解決することを目的に、味の素はこのプロジェクトを立ち上げました。アフリカ、ガーナの伝統的な離乳食に不足する栄養素を補えるサプリメントを現地に流通させるプロジェクトです。

味の素は、アフリカ大陸に本格進出するのは初めてでした。ですから、現地の情報も不足していましたし、生産拠点や配送網などのインフラもありませんでした。そこで、味の素は従来の枠組みを超え、同業他社やＮＰＯ／ＮＧＯ、政府など、事業進出をする上で必要な機能を持った外部団体と網の目のような協力体制を作るという戦略をとりました。具体的には研究開発はガーナ大学や、ＮＰＯやＮＧＯと、製造は現地の食品会社 Yedent Agro Processing Venture と、流通はＮＧＯのケア・インターナショナルと協力体制を作ったのです。

つまり、味の素は自社の役割をこれまで蓄積してきた食品加工やアミノ酸栄養に関する技術の提供に特化し、他の役割はそれぞれ強みを持つ外部に委ねるという戦略をとったのです。こうすることで、現地の声を聞き、現地に雇用を創出し、「当事者感覚」を持ってもらうことで持続可能なビジネスとして定着させようとしたわけです（ＢＯＰビジネス〈第4章〉のところでも同様の試みを紹介しました）。

このようにそれぞれの企業ができることをつないで社会をよりよくしていくというのは「ナリワイ」の企業バージョンということもできるでしょう。そしてこれを可能にする原点には第3章で述べた企業の理念というものがあると思います。味の素は「地球的な視野に立ち、〝食〟と〝健康〟そして、〝いのち〟のために働き、明日のよりよい生活に貢献する」という理念を掲げています。この理念をプライオリティとすることで協業スタイルが生まれたのでしょう。

個人においても自分が社会の中でどのような役割を果たしたいのか、あるいは人とどのような関係性を築きたいのかという理念をベースに置いて、自分の仕事について考えてみるのがよいだろうと思います。

再び「仕事」のエッセンス

再び本題に戻ります。仕事のエッセンスとは何か？

ここまで述べたことをまとめると、「『隣人の笑顔』を生む（「はた」を「らく」にする）ことを原点とするもの」であり、「社会の中で幸福感、充実感を得ながら生きていくための関係性を構築する選択的手段の一つである」ということになります。また、個人にとって社会との接続を可能にする手段でもあります。

第1章では「積極的賃金労働（→仕事）」という言葉を使っていましたが、ここで「賃金」という言葉を使っていないのは、ソーシャルキャピタル（社会関係資本／人間関係資本）につながる持続的行為すべてが、実は賃金（金銭獲得）の有無にかかわらず「仕事」の範囲内に位置づけられてもよいのではないか、と考えるからです。

第4章で述べた「ナリワイ」では賃金獲得に限らず、「床を張り替えた」ことの報酬に「庭をきれいにしてもらう」という交換もありえます。また、毎日無報酬で道路を掃除していると近所の農家の人たちがとれた野菜を分けてくれたり、家の補修を手伝ってくれたりするようになったという賃金を介さない互酬性（互いに与えることで互いに見返りが得られる、一言でいうと「お互いさま」、言い換えれば「なさけはひとのためならず」）もありえます。これは持続性を持てば「仕事」になりえるでしょう。

また、第1章で述べたように家事は「賃金」を生みませんが、それが賃金労働を支えるものであるならば、準賃金労働といえるものでしょう（シャドウ・ワーク）。これは継続的に行われる営みなので「仕事」であり「はたをらくにする」ものでもあり、互酬性という観点からすると経済活動であるということができます。

子育てについても同様のことがいえるでしょう。育児休暇中は会社の仕事をしていないにしても、社会にとって大きな意味を持つ仕事をしているのです。現在の日本では育児休暇をとる男性は欧米に比べて極めて少ないようです。これはおそらく家庭の不安定、つまりはソーシャルキャピタルの減少につながることになるでしょう。さらに、ＯＥＣＤ諸国に関する調査では、若いうちは育児休暇を利用せずに家庭を犠牲にして仕事をする人のパフォーマンス水準は高いが最終的には逆転するという結果が得られています。育児を広義に仕事ととらえる考え方が必要だと思います（もちろん第1章で述べたように、育児は集団で関わるべき仕事なのです）。

比較的最近までは、子育てはコミュニティ全体で行うものだという意識がありました。人間の本能でありながらも高度成長、核家族の進行とともに、失われていった意識です。さらに、家事や子育てにとどまらず、「笑顔」そのものもソーシャルキャピタルとなりえます。疲れているときに見知らぬ赤ん坊の笑顔に癒され仕事に対するモチベーションが上がるということは十分にありうることです。そうするとその赤ん坊の笑顔は「仕事」とはいえないまでも誰かの仕事に貢献する働きをしている、つまりソーシャルキャピタルとして機能しているということができます。笑顔に一般的互酬性という価値（この場合、赤ん坊が直接見返りを得るわけではなく、笑顔が伝播することで、コミュニティ全体が豊かになる）を認めるようなコミュニティ形成が必要な時代なのだと思います。

このような互酬性には金銭という媒介を入れてしまうわけにはいきません。あるいは行為を金銭に交換することはできません。たとえば、老人に席を譲った途端に老人からお金を差し出されてしまえば、「席を譲る」という行為の意味はむしろ減じることになると考えられます。この「善意」は金銭換算された途端に「善意」という価値を失ってしまうからです。席を譲ることによって「はた」が「らく」になり、それを見た他の人にも「席を譲る」行為が伝播されていく。そのようなコミュニティが形成されることで自分自身も生活しやすくなる、という循環的互酬性が成立します。

自分が正しいと信じることに関わる行動をする場合、ボランティアで働くほうが報酬を与えられて働く場合よりも成果をあげる、という行動経済学の検証もあります。無報酬であるほうが他者承認欲求、自己承認欲求が満たされるからということです。コミュニティ内でのソーシャルキャピタルの一般的互酬性とは非対称的な行為の報酬と考えられます。

互酬性が信じられるコミュニティでは、利他的行為（「はたらく」）が、当人の幸福感を生み、かつ当人を含むコミュニティの包摂性を高めることで持続可能なセーフティネットが形成されていくことになります（第1章で述べた「群れで子育て」をする「群れ」には互酬性が根源的に埋め込まれているといえるでしょう。本来的にコミュニティとはそういうものなのです）。

もちろん、プライバシーのないムラ社会を古き良きものとしているわけではありません。またそのようなムラ社会が復活するなどということはありえないでしょう。

現在問題となっているのは、個人が孤立してしまいがちな社会です。そういう社会では、自分の利益を独占することが認められる代わりに、自分のリスクもすべて自己責任になります。前者は人間が本来持っている利他本能にそむき、後者は恐怖心を生みます。互酬性を欠いた社会では、新たな挑戦は恐ろしいものになり、行動も制約されるのです。個人がお金を払って生活に必要なものすべてをアウトソーシングし、労働対価によってのみ接続しているという社会の中では、人は孤立し互酬性というセーフティネットを失います。その結果個人による自由な行動に伴うリスクは高まるのです。リベラルな個人主義的社会は行きすぎると、個人の行動のリスクを高め、行動の自由を制約してしまうことになるのです。

家族、会社、国家というものがセーフティネットの役割を果たしにくくなっている現在、一人世帯が増え高齢化が進むとともに、シングルマザーや高齢者が貧困になり孤立する危険性は非常に高くなっています。人は本来「はたらく」ことを通じて「群れ」の中で生きる動物だったのだということを銘記すべき時代だといえるでしょう。

「はたらく」ことで社会とつながり、互酬性が信じられるコミュニティを形成していく。互酬性が信じられるコミュニティが形成されることでセーフティネットが生まれ、自由な行動が大きなリスクを伴うものでなくなる。つまり、「はたらく」ことで自由になれるのだと私は思います。

ここでいうコミュニティは地域社会に限りません。第4章で述べたクラウドワークスにおける「マイチーム」なども仕事によって形成される互酬性を持ちセーフティネットを備えたコミュニティであるともいえます。

また、一つのコミュニティへの帰属に縛られることはありません。複数のコミュニティに接続していることでセーフティネットを重層的に確保でき、コミュニティ内の窒息も回避できるからです。

また、そのようなコミュニティを持続可能なものにするためには「生活と乖離した金銭獲得手段としての仕事」に関わる割合を減らすことも必要です。もちろん、そのためには国が国民の健康的な生活を保障する制度（ベーシックインカムなど）を整備し、ワーキングプアーの問題、シングルマザーの問題、高齢者の孤立、貧困の問題などを多少なりとも解決することが必要なのですが、それについてはここでの論点ではないので割愛します。

いわゆるワークライフバランスの重要性は、国も認め推進しようとしているところですが、私はライフと切り離されたワーク（「はたらく」ことにつながらない賃金労働）の割合を減らすことが重要なのだと考えています。そのようなワーク（あるいは労働・レイバー）の割合が増えることで生活が圧迫されることになれば他者に対する許容度が低くなり、ソーシャルキャピタルが低下すると思われるからです。

駒崎弘樹氏（NPO法人フローレンス代表理事）の『働き方革命 あなたが今日から日本を変える方法』（ちくま新書）という本では、社長自らがワーカホリックそのものだった仕事のやり方を変えることで、職場、プライベートともにうまくいったという実例が書かれています。

駒崎氏は、「無駄に残業しないで、決められた時間で帰れる。自分がやるべきことに集中して時間を使えて、成果が出せる。仕事で一日の全部が食いつぶされるのではなくて、そのとき関心があるようなことをインプットできる。また、自分が大切な人に優しい気持ちで接することができて、時間を共有できる。始終忙しくて疲れてぐったりしているのではなく毎日楽しく過ごせる」というようなことを理想としてあげており、社長が毎日ぎりぎりまで働かなければこの会社は回らないという思い込みから自分を解放した記録が書かれています。

家族みんなが疲れ果てていては楽しい家族生活を送りにくいのと同様に、みんなが疲れ果てるまで労働している社会は他人を思いやる余裕を失う社会になりソーシャルキャピタルを失うことになるでしょう。

たとえば、アリのコロニーでは2割のアリは働きません。働いているものだけを集めてコロニーを再形成しても、働かないものだけを集めてコロニーを再形成してもやはり2割は働きません。実は働かないアリにも意義はあるわけで、全員が疲れ切ってしまった場合に備えて、いつでも働けるように体力を温存しているのです。全員がぎりぎりまで働かなければいけない、という状態では健全なコミュニティを維持することはできないのでしょう（これは夫婦間でもいえると私は考えています。二人ともが仕事でいっぱいいっぱいの状態だと互いを思いやる余裕もなくなり、関係性がぎすぎすしたものになりかねないのではないでしょうか）。

そのようなわけで、互酬性が信じられる健全なコミュニティを持続可能なものにするためには、生活から切り離された労働時間を過度にしてしまわない人が多くいることが重要です。仕事のために生活を犠牲にしてしまうのは本末転倒なのです。

最後にもう一度繰り返します。仕事とは自分と社会を持続的に接続するものであり、積極的に選択できるものです。仕事から「はたらく」喜びを得られるようになると、「はたらく」ことで自他ともに幸福感を与えられます。そうして、自分が安心して生活できるコミュニティを形成し維持することにつながる手段となりうるのです。「はたらく」ことを通じて形成される互酬性の信じられる社会の中で、それぞれが自分の考えに従って行動・挑戦する自由を得ることができるのだという可能性を私は信じています。

あとがき

まず、この本を読み終えていただいた読者の方々に感謝します。そして、自分が今どのように仕事をしているのかを見つめ直すきっかけになり、さらにはそれがそれぞれの新しい出発点になるといいな、と思っています。

行き詰まったら常に原点に立ち戻って考えてみる、考えてみたらすぐに変えられることを少しだけ変えてみる、人はそうして少しずつそれぞれにとって望ましい方向へ向かっていくものです。

本書にも述べたように、人は一人では生きていけません。それぞれの方がそれぞれの仕事を通じて、個人が孤立してしまわない社会形成に関わり、その中で生きている幸福感を感じられるようになることを願います。
私自身、「仕事の究極の目的＝隣人の笑顔⇒自他ともに幸福」を実感できるように仕事に関わっていきたいと思っています。

なお、本書執筆にあたって、特に第3章では、自分自身の経験よりも様々な現場の人の体験をベースにする必要を感じ、できる限り多くの書籍やニュースに当たるだけではなく、多くの卒業生（19歳から46歳の就活体験者、転職体験者など）、同級生たち（50歳代前半、その中には企業の人事担当者や研修担当者たちも少なからずいました）に話を聞くことで自分の考えをまとめました。ご協力いただいた方々に感謝の意を表したいと思います。また、毎日新聞出版編集者である小川和久氏には、様々に協力いただきました。その協力なくしては本書はありえなかったものと思います。ここに深く感謝の念を述べさせていただきます。

最後に、読者へのそして自分自身へのメッセージ　You are not alone!

西きょうじ

参考資料一覧

〔第１章〕
・速水健朗『フード左翼とフード右翼　食で分断される日本人』（朝日新書、2013 年）
・内閣府・2014 年度国民生活に関する世論調査
・読売新聞 2013 年 5 月 23 日
・ハンナ・アレント　志水速雄：訳『人間の条件』（ちくま学芸文庫、1994 年）
・日本赤十字社「血液事業の歴史」
http://wanonaka.jp/blood/history.html
・五木寛之『青春の門』（講談社文庫、1989 年）
・厚生労働省「血漿分画製剤の供給のあり方に関する検討会 第 5 回〜第 8 回検討会における議論について」
http://www.mhlw.go.jp/stf/shingi/2r985200000215h1-att/2r985200000215nk.pdf
・ニューズウィーク日本版 2010 年 9 月 6 日「あなたの卵子、いくらで売りますか？」
http://www.newsweekjapan.jp/newsroom/2010/09/post-148.php
・最先端・次世代研究開発支援プログラム
「グローバル化による生殖技術の市場化と生殖ツーリズム：倫理的・法的・社会的問題　Ukraine」
http://saisentan.w3.kanazawa-u.ac.jp/document14.html
・クーリエ・ジャポン 2013 年 5 月号「ウクライナ　世界第 2 位の『生殖医療大国』の現実」
・朝日新聞 2011 年 7 月 27 日
・WiSE DIGITAL「ミア・シャオにギック？タイ流“愛の形”今昔」
http://www.wisebk.com/3698
・I. イリイチ　玉野井芳郎・栗原彬：訳『シャドウ・ワーク　生活のあり方を問う』（岩波現代文庫、2006 年）
・エコノミックニュース 2013 年 3 月 5 日「8 割が『辞めたい』、疲弊する看護師の労働現場」
http://economic.jp/?p=10531
・厚生労働省・2013 年賃金構造基本統計調査
・介護労働安定センター・2014 年度「介護労働実態調査」
・厚生労働省「インドネシア人看護師・介護福祉士候補者の受入れについて」
http://www.mhlw.go.jp/bunya/koyou/other21/index.html?utm_source=twitterfee
・BizCOLLEGE「プロボノ〜職能を生かす新ボランティア」
http://www.nikkeibp.co.jp/article/column/20100219/211732/?rt=nocnt
・AMERICAN BAR ASSOCIATION「Rule 6.1: Voluntary Pro Bono Publico Service」
http://www.americanbar.org/groups/professional_responsibility/publications/model_rules_of_professional_conduct/rule_6_1_voluntary_pro_bono_publico_service.html
・ヤン・カールソン『真実の瞬間　SAS（スカンジナビア航空）のサービス戦略はなぜ成功したか』（ダイヤモンド社、1990 年）
・リクナビ・就職ジャーナル「【仕事とは？】Vol.86　プロゲーマー　梅原大吾」
http://journal.rikunabi.com/work/job/job_vol86.html
・ブログ・A 級リーグ指し手 1 号
http://aleag.cocolog-nifty.com/blog/2013/04/20134-fd94.html
・齋藤泉『またあなたから買いたい！　カリスマ新幹線アテンダントの一瞬で心をつかむ技術』（徳間書店、2009 年）
・茂木久美子『買わねぐていいんだ。』（インフォレスト、2010 年）
・厚生労働省・2012 年労働者健康状況調査
・ロイター 2010 年 9 月 8 日「お金で買える満足感、7 万 5000 ドルで頭打ち＝米調査」
http://jp.reuters.com/article/2010/09/08/idJPJAPAN-17129620100908
・タダヤサイドットコム
http://www.tadayasai.com/
・フリパン
https://free-pants.jp/post/category/everyone

〔第 2 章〕
・国際労働機関「World Employment and Social Outlook: Trends 2015（世界の雇用および社会の見通し：2015 年の動向）」
・GLOBAL NOTE 2014 年 12 月 4 日「若年層失業率　国別比較統計・推移」
http://www.globalnote.jp/post-7527.html
・Asa Bennett「アマゾン物流センターの過酷な労働　BBC が潜入取材」ハフィントンポスト 2013 年 11 月 26 日
・ジャン＝バティスト・マレ『アマゾン、世界最良の企業潜入記』（Fayard, 2013）
・ジャン＝バティスト・マレ「アマゾンはブラック企業か？」ル・モンド・ディプロマティーク日本語・電子版 2013 年 11 月号
http://www.diplo.jp/articles13/1311amazon.html
・横田増生『仁義なき宅配　ヤマト vs 佐川 vs 日本郵便 vs アマゾン』（小学館、2015 年）
・世界経済のネタ帳「世界の失業率ランキング」
http://ecodb.net/ranking/imf_lur.html
・しんぶん赤旗「事業所 82% 法令違反　厚労省ブラック企業初調査」
http://www.jcp.or.jp/akahata/aik13/2013-12-18/2013121801_02_1.html
・ブラック企業大賞
http://blackcorpaward.blogspot.jp/
・NPO 法人あったかサポート
http://attaka-support.org/
・東京新聞 2013 年 6 月 5 日「過労社会〈下〉希望押しつけ無責任　若者に身を守る知識を」
・連合総研 2013 年 12 月・第 26 回「勤労者の仕事と暮らしについてのアンケート調査」報告書
http://rengo-soken.or.jp/report_db/file/1389168971_a.pdf
・東京新聞 2014 年 8 月 20 日「【生活図鑑】有給休暇（No.509）低い取得率　職場環境に原因」
http://www.tokyo-np.co.jp/article/seikatuzukan/2014/CK2014082002000181.html
・厚生労働省・精神障害の労災補償状況
http://www.mhlw.go.jp/file/04-Houdouhappyou-11402000-Roudoukijunkyokuroudouhoshoubu-Hoshouka/h26seishin_1.pdf
・東京新聞 2014 年 1 月 15 日「【生活図鑑】（NO.481）若者使い捨てる労働実態」
http://www.tokyo-np.co.jp/article/seikatuzukan/2014/CK2014011502000184.html
・しんぶん赤旗 2014 年 10 月 8 日「学生が安心して使える奨学金に――奨学金返済への不安と負担を軽減するために」
http://www.jcp.or.jp/akahata/aik14/2014-10-08/2014100805_01_0.html
・独立行政法人日本学生支援機構・学生生活調査
・ダイヤモンド・オンライン 2015 年 2 月 26 日「学生を苦しめる『ブラックバイト』の悲惨」
http://diamond.jp/articles/-/67491
・ブラックバイトユニオン
http://blackarbeit-union.com/
・朝日新聞 2015 年 8 月 27 日「『ブラックバイトに対抗』都内の高校生らユニオン結成」
http://www.asahi.com/articles/ASH8W4TL1H8WULFA00W.html
・本田由紀『軋む社会　教育・仕事・若者の現在』（河出文庫、2011 年）
・阿部真大『搾取される若者たち　バイク便ライダーは見た！』（集英社新書、2006 年）
・OECD Emplayment Outlook 2013
http://www.keepeek.com/Digital-Asset-Management/oecd/employment/oecd-employment-outlook-2013_empl_outlook-2013-en
・国際労働機関「国際労働基準（基準設定と監視機構）」
http://www.ilo.org/tokyo/standards/lang--ja/index.htm
・北健一「厚労省関連セミナーで『解雇指南』疑惑！理不尽な理由による解雇横行の危険」Business Journal2015 年 9 月 8 日
http://biz-journal.jp/2015/09/post_11456.html
・産経新聞 2015 年 4 月 3 日「『ホワイトカラーエグゼンプション導入法案』を閣議決定　野党は『残業代ゼロ法案』と対決」

http://www.sankei.com/economy/news/150403/ecn1504030048-n1.html
・Business Journal 2015 年 2 月 2 日「ルネサス、吹き荒れるリストラの嵐　8 年連続赤字の懸念も　『時間の浪費』の代償」
http://biz-journal.jp/2015/02/post_8791.html
・日本経済新聞 2015 年 1 月 8 日「電通、早期退職 300 人募集　2 年ぶり」
http://www.nikkei.com/article/DGXLASFL08HHW_Y5A100C1000000/
・週刊東洋経済 2012 年 11 月 17 日号
・東京新聞 2013 年 7 月 11 日「〈6 年後の私たち〉 雇用　理由なき金曜解雇」
・東洋経済オンライン 2012 年 11 月 15 日「解雇は当たり前、ニッポン雇用の修羅場　“美談”は遠い昔の話」
http://toyokeizai.net/articles/-/11748?page=7
・レジェンダ・コーポレーション　プレスリリース 2012 年 9 月 26 日「“将来の働き方は変化する”就活生の 65.4% が予測」
http://www.leggenda.co.jp/news/press/pdf/news_120926_01.pdf
・藤田孝典『下流老人　一億総老後崩壊の衝撃』（朝日新書、2015 年）
・NHK スペシャル取材班『老後破産　長寿という悪夢』（新潮社、2015 年）
・週刊現代 2014 年 10 月 11 日号
・MEMORVA2014 年 10 月 28 日「男女平等（ジェンダー・ギャップ）指数ランキング・国別順位（2014 年）- 世界経済フォーラム」
http://memorva.jp/ranking/world/wef_global_gender_gap_report_2014.php
・内閣官房・女性の職業生活における活躍の推進に関する法律案
http://www.cas.go.jp/jp/houan/187.html
・内閣府・男女共同参画推進連携会議「『2020 年 30%』の目標の実現に向けて」
http://www.gender.go.jp/kaigi/renkei/2020_30/pdf/2020_30_all.pdf
・厚生労働省「待機児童解消加速化プラン」
http://www.mhlw.go.jp/bunya/kodomo/pdf/taikijidokaisho_01.pdf
・厚生労働省・都道府県労働局・ハローワーク「平成 26 年 4 月 1 日以降に開始する育児休業から 育児休業給付金の支給率を引き上げます」
http://www.mhlw.go.jp/file/06-Seisakujouhou-11600000-Shokugyouanteikyoku/0000071151.pdf
・厚生労働省・2013 年度雇用均等基本調査
http://www.mhlw.go.jp/toukei/list/dl/71-25r-02.pdf
・国立社会保障・人口問題研究所「第 14 回出生動向基本調査　結婚と出産に関する全国調査　夫婦調査の結果概要」
http://www.ipss.go.jp/ps-doukou/j/doukou14/doukou14.pdf
・NewSphere2014 年 11 月 5 日「“仕事と家庭、なぜ両方を選べない？”　日本の女性の労働環境に、海外から疑問」
http://newsphere.jp/national/20141105-3/
・厚生労働省・2013 年国民生活基礎調査
http://www.mhlw.go.jp/toukei/saikin/hw/k-tyosa/k-tyosa13/
・厚生労働省・2011 年度全国母子世帯等調査結果報告
http://www.mhlw.go.jp/seisakunitsuite/bunya/kodomo/kodomo_kosodate/boshi-katei/boshi-setai_h23/
・毎日新聞 2012 年 12 月 24 日「リアル 30's: 選べてる？（4）　私の居場所どこかに」
・鈴木大介『最貧困女子』（幻冬舎新書、2014 年）
・総務省統計局・2012 年就業構造基本調査
http://www.stat.go.jp/data/shugyou/2012/
・総務省統計局・労働力調査　2014 年平均結果
http://www.stat.go.jp/data/roudou/sokuhou/nen/dt/
・日本経済新聞 2015 年 2 月 16 日「限定正社員　職種など限り働きやすく」
http://www.nikkei.com/article/DGXLZO83208990V10C15A2NN1000/
・エリック・ブリニョルフソン、アンドリュー・マカフィー　村井章子：訳『機械との競争』（日経 BP 社、2013 年）
・Geoff Colvin, “Humans Are Underrated: What High Achievers Know That Brilliant Machines Never

Will", Portfolio , 2015
・日本経済新聞 2012 年 11 月 5 日「ごはん盛り付け、素早く正確に　吉野家が自動化機械　13 年 2 月までに 1000 店に」
http://www.nikkei.com/article/DGXNASDD050QH_V01C12A1TJ0000/
・TELESCOPE Magazine2013 年 11 月 29 日「産業用ロボットのデモクラシー」
http://www.tel.co.jp/museum/magazine/manufacture/131125_topics_08/index.html
・robonews.net 2015 年 2 月 15 日「コー・ロボットは、次の競争の舞台」
http://robonews.net/2015/02/15/co_robots/
・Global Information「世界と中国の産業用ロボット市場の分析 Global and China Industrial Robot Report, 2014-2017」
http://www.gii.co.jp/report/rinc324196-global-china-industrial-robot-report.html
・ロイター 2015 年 2 月 6 日「中国、産業ロボット導入で 2017 年までに世界首位に」
http://jp.reuters.com/article/2015/02/06/china-robbot-idJPKBN0LA0D220150206
・朝日新聞 2012 年 12 月 24 日「中国製造業　雇用者数が 20% 減」
http://www.asahi.com/international/jinmin/TKY201212240239.html
・ONLINE デジモノステーション「未来すぎてヤバい。ハウステンボス『変なホテル』潜入レポ」
http://www.digimonostation.jp/news-trend/other/id30147
・堀田佳男「ロボットが人間の職を奪う時代がついに到来　米国で壮年男子の失業率は 11.5%、テクノ失業が原因」JBPRESS2015 年 7 月 31 日
http://jbpress.ismedia.jp/articles/-/44431
・週刊現代 2014 年 11 月 1 日号
・現代ビジネス「経済の死角」2013 年 7 月 25 日
http://gendai.ismedia.jp/articles/-/36518
・CNN2015 年 4 月 26 日「記者はもういらない？　ロボット・ジャーナリストの台頭」
http://www.cnn.co.jp/tech/35061988.html
・Cord Jefferson「今まさに、ロボットが知的労働を奪い始めている」GIZMODO2012 年 12 月 1 日
http://www.gizmodo.jp/2012/12/post_11209.html
・時事ドットコム 2014 年 4 月 7 日「米海兵隊、四足歩行ロボを公開 = 燃料補給なく 32 キロ踏破するラバ似の巨体」
http://www.jiji.com/jc/movie?p=mov137-movie03
・DNA（デイリーニュースエージェンシー）2011 年 6 月 13 日「空中で静止・映像送信が可能な体長わずか 16cm のハチドリ型偵察ロボット」
http://dailynewsagency.com/2011/06/13/hummingbird/
・フレデリック・ビュルナン「無人戦闘機と殺人ロボット開発への『反撃』」swissinfo.ch 2013 年 5 月 20 日
http://www.swissinfo.ch/%E7%9B%B4%E6%8E%A5%E6%B0%91%E4%B8%BB%E5%88%B6%E3%81%B8%E5%90%91%E3%81%8B%E3%81%86/%E5%85%B5%E5%99%A8%E3%81%AE%E3%83%AD%E3%83%9C%E3%83%83%E3%83%88%E5%8C%96_%E7%84%A1%E4%BA%BA%E6%88%A6%E9%97%98%E6%A9%9F%E3%81%A8%E6%AE%BA%E4%BA%BA%E3%83%AD%E3%83%9C%E3%83%83%E3%83%88%E9%96%8B%E7%99%BA%E3%81%B8%E3%81%AE-%E5%8F%8D%E6%92%83-/35875096
・AFP2013 年 7 月 11 日「米無人機 X47B、空母への着艦に成功 史上初」
http://www.afpbb.com/articles/-/2955333
・日刊スポーツ 2013 年 5 月 26 日「『殺人ロボット兵器』で討議」
http://www.nikkansports.com/general/news/p-gn-tp1-20130526-1133136.html
・Carl Benedikt Frey and Michael A. Osborne "THE FUTURE OF EMPLOYMENT: HOW SUSCEPTIBLE ARE JOBS TO COMPUTERISATION?", September 17, 2013
・朝日新聞 2014 年 11 月 11 日「『はやぶさ 2』をはんだ付け　基板職人、現代の名工に」
http://www.asahi.com/articles/ASGCB5TBQGCBULFA027.html

〔第 3 章〕
・株式会社ビズリーチ・「キャリアトレック」会員アンケート調査（実施期間 :2015 年 8 月 24 日～ 8 月 30 日）
・独立行政法人労働政策研究・研修機構（旧日本労働研究機構）「日欧の大学と職業」
http://db.jil.go.jp/db/seika/2001/E2001090016.html
・Tatsumaru Times「意思決定のない社会と若者。」
http://tatsumarutimes.com/archives/363
・NPO 法人 NEWVERY 公式ツイッター
https://twitter.com/npo_newvery/status/183147250015420416
・琉球新報 2015 年 8 月 22 日「若者正規採用で 1 人数十万円助成　企業に、大卒 3 年内」
http://ryukyushimpo.jp/news/storyid-247692-storytopic-4.html
・産経新聞 2015 年 1 月 3 日「大学生『就活自殺』7 年で 200 人超　思うように内定得られず追い詰められ…専門家『解決には雇用環境の改善必要』」
http://www.sankei.com/west/news/150103/wst1501030060-n1.html
・一般社団法人日本経済団体連合会 2014 年 9 月 29 日「新卒採用（2014 年 4 月入社対象）に関するアンケート調査結果」
https://www.keidanren.or.jp/policy/2014/080_kekka.pdf
・キャリコネニュース 2014 年 11 月 27 日「秋田・国際教養大学が『うちの学生はリクルートスーツ着ません』宣言　すでに企業も了解済」
https://news.careerconnection.jp/?p=4721
・就活 COOLBIZ
http://coolbiz.offerbox.jp/#title_article
・クーリエ・ジャポン　クーリエ・ジャポンの現場から 2013 年 3 月 30 日「『究極の入社面接試験』を、あなたは突破できますか ?」
http://courrier.jp/blog/?p=14362
・KandaNewsNetwork KNN 2014 年 3 月 9 日「世界の有名企業の入社試験問題集」
http://knn.typepad.com/knn/2014/03/%E4%B8%96%E7%95%8C%E3%81%AE%E6%9C%89%E5%90%8D%E4%BC%81%E6%A5%AD%E3%81%AE%E5%85%A5%E7%A4%BE%E8%A9%A6%E9%A8%93%E5%95%8F%E9%A1%8C%E9%9B%86.html
・キャリコネ 2013 年 5 月 16日「ゴールドマン・サックス、グーグル……　超難問『入社試験』あなたは解ける ?」
http://careerconnection.jp/biz/economics/content_897.html
・X BRAND 2008 年 11 月 12 日「DIME 発想力、思考力を試す『難問』『奇問』が解けるか !?　イマドキ入社試験で“脳トレ”大作戦 !（1）」
http://xbrand.yahoo.co.jp/category/business_money/1832/1.html
・PRESIDENT Online 2015 年 8 月 19 日「就活親子必見！ 超一流企業の入社試験法」
http://president.jp/articles/-/15976?page=3
・ライフネット生命　2015 年度新卒採用課題　重い課題 B
・株式会社マイナビ 就職情報事業本部 HR リサーチセンター「2013 年度就職戦線総括」
https://saponet.mynavi.jp/material/saiyousoukatsu/13soukatsu/pdf/chap01.pdf
・朝日新聞 2015 年 9 月 4 日「就活のカギ、ES より大学の成績表　面接で使う企業増加」
http://www.asahi.com/articles/ASH933JCDH93UTIL00J.html
・東洋経済 ONLINE 2011 年 3 月 1 日「グーグルは、優秀な社員を放し飼いにしているんです -- 村上憲郎・グーグル日本法人元社長 / 前名誉会長（第 1 回）」
http://toyokeizai.net/articles/-/5971?page=2
・『就職四季報 2016 年版』（東洋経済新報社、2014 年）
・『会社四季報 2015 年 4 集秋号』（東洋経済新報社、2015 年）
・春野ユリ「『お金のために働いている人』は実は少ない？　社員が昇給よりも望んでいる 4 つのこと」lifehacker 2015 年 3 月 7 日
http://www.lifehacker.jp/2015/03/150307_employees_want_more.html
・CAREER HACK 2013 年 5 月 29 日「高校生でドワンゴのエンジニアに !? 山中勇成氏の人生を変えた、14 歳でのプログラミングとの出会い。」
http://careerhack.en-japan.com/report/detail/146

・経済産業省「インターンシップ普及促進を目的としたシンポジウム『共育型インターンシップで企業は成長できる！～成功事例から学ぶ人材戦略の鍵～』を実施します」
http://www.meti.go.jp/press/2014/10/20141014001/20141014001.html
・産経新聞 2015 年 6 月 18 日「増える大学生のインターンシップ　大学と企業の間に意識の違いも　斎藤剛史」
http://www.sankei.com/life/news/150618/lif1506180024-n1.html
・経済産業省（受託機関：日経 BP 社）2014 年 3 月「平成 26 年度産業経済研究委託事業 共育型インターンシップの普及に関する調査 報告書」
http://www.meti.go.jp/meti_lib/report/2015fy/000454.pdf
・株式会社仕事旅行社
https://www.shigoto-ryokou.com/
・読売新聞 2015 年 5 月 20 日「大学生就職率、4 年連続上昇…リーマン前水準に」
http://www.yomiuri.co.jp/kyoiku/syuukatsu/snews/20150520-OYT8T50020.html
・厚生労働省・2014 年度「大学等卒業者の就職状況調査」
http://www.mhlw.go.jp/stf/houdou/0000084862.html
・法務省入国管理局「平成 26 年における留学生の日本企業等への就職状況について」2015 年 7 月
http://www.moj.go.jp/content/001153834.pdf
・Benesse ヘッドライン 2015 年 9 月 11 日「日本で就職する外国人留学生が増加中　今後の就活予想図は」
http://benesse.jp/news/kyouiku/trend/20150911170027.html
・週刊東洋経済 2013 年 10 月 12 日号
・Togetter「『いま問い直す 就活との向き合いかた』シンポジウム記録」
http://togetter.com/li/508633
・HRpro「【採用担当者のための最新情報 & 実務チェックポイント】第 19 回　潮目が変わった新卒採用」
http://www.hrpro.co.jp/series_detail.php?t_no=241
・日本政策金融公庫「中小企業事業のご案内 2014」
https://www.jfc.go.jp/n/company/sme/pdf/2014jfs02.pdf
・中小企業庁「中小企業・小規模企業者の定義」
http://www.chusho.meti.go.jp/soshiki/teigi.html
・日本経済新聞 2015 年 6 月 28 日「インターン、延期・縮小相次ぐ　後ろ倒しで手が回らず」
http://www.nikkei.com/article/DGXLZO88620440X20C15A6TJC000/
・読売新聞 2015 年 8 月 27 日「内定率 7 割超、辞退多く…早くも見直し求める声」
・文部科学省「大学等卒業・修了予定者の就職・採用活動時期変更に係る企業等への要請に関する申合せ」
http://www.mext.go.jp/b_menu/houdou/27/02/1355477.htm
・株式会社リクルートキャリア・就職みらい研究所「就職白書 2015─採用活動・就職活動編」
http://www.recruitcareer.co.jp/news/20150216%E5%B0%B1%E8%81%B7%E3%83%BB%E6%8E%A1%E7%94%A8%E6%B4%BB%E5%8B%95%E7%B7%A8.pdf
・四国新聞 2015 年 8 月 27 日「大学生の面接解禁半月、7 割内定 / 日程繰り下げの就活好調」
http://www.shikoku-np.co.jp/national/economy/20150827000505
・logmi「『才能より人格を重視する』イーロン・マスク氏が語る人材採用の基準」
http://logmi.jp/69117
・朝井リョウ『何者』（新潮文庫、2015 年）
・ロッシェル・カップ『日本企業の社員は、なぜこんなにもモチベーションが低いのか？』（クロスメディア・パブリッシング、2015 年）
・日本経済新聞 2015 年 3 月 30 日「働きかた Next 若者の選択　『売り手優位』の就活、選ぶのは私　学生、成長の場・勤務体系を重視」
http://www.nikkei.com/article/DGXLASDZ25H9K_V20C15A3SHA100/
・損保ジャパン日本興亜・NEWS RELEASE2015 年 5 月 29 日「『朝型勤務（損保ジャパン日本興亜版サマータイム）』の実施」
http://www.sjnk.co.jp/~/media/SJNK/files/news/2015/20150529_2.pdf
・経団連タイムス 2015 年 7 月 2 日「経済 4 団体主催『働き方・休み方改革セミナー』開催」
https://www.keidanren.or.jp/journal/times/2015/0702_01.html
・朝日新聞 2015 年 8 月 20 日「ユニクロ、週休 3 日制導入へ　10 時間労働で給与同水準」

http://www.asahi.com/articles/ASH8N2VDDH8NULFA005.html
・Forbes2015 年 6 月 26 日「テレワークで変わる日本の雇用　『子育てや介護』と仕事の両立が可能」
http://forbesjapan.com/original/post_6018.html
・朝日新聞 2015 年 4 月 3 日「終日在宅勤務の新制度　トヨタ、育児休業者の復帰を支援」
http://www.asahi.com/articles/ASH425HCQH42OIPE00W.html
・日本経済新聞 2015 年 8 月 12 日「リクルート、在宅勤務を全社員対象に　上限日数なく」
http://www.nikkei.com/article/DGXLASDZ07HZO_R10C15A8MM8000/
・SankeiBiz 2013 年 11 月 6 日「6 年後に復職できる『育自分休暇制度』　サイボウズが目指す人材戦略とは ?」
http://www.sankeibiz.jp/econome/news/131106/ecd1311060600003-n1.htm
・47NEWS 2009 年 4 月 9 日「製造大手 10 社が副業容認　日産、富士通、花王など」
http://www.47news.jp/CN/200904/CN2009040901000553.html
・エン・ジャパン 2015 年 8 月 11 日「企業のミドル層（35 歳～ 55 歳）採用意識調査」
http://corp.en-japan.com/newsrelease/2015/3053.html
・工藤啓、西田亮介『無業社会　働くことができない若者たちの未来』（朝日新書、2014 年）
・工藤啓『大卒だって無職になる　“はたらく”につまずく若者たち』（エンターブレイン、2012 年）
・NPO 法人育て上げネット、イトウヤマト『「働く」ってなんですか？　働けなかった僕が働けるようになってからわかったこと。』（バリューブックス、2014 年）
・ひきこもり大学
http://hikiuniv.net/

〔第 4 章〕
・日本経済新聞 2015 年 4 月 29 日「働きかた Next 第 3 部　海外ですし握って 1000 万円　職人復権、変わる常識」
http://www.nikkei.com/article/DGXLASM117H0E_X10C15A4MM8000/
・みずほ情報総研 2015 年 8 月 19 日「一 管理職は『ジョブ型』か、『メンバーシップ型』か一 人事担当者の理想と現実」
http://www.mizuho-ir.co.jp/publication/column/2015/hrm0819.html
・PR TIMES 2015 年 2 月 24 日「有志の会『One Panasonic』がリクルートキャリア主催の『グッド・アクション 2014』で部門賞を受賞」
http://prtimes.jp/main/html/rd/p/000001610.000003442.html
・WORKSIGHT 2014 年 11 月 4 日「自由でスピーディ、だから他を凌駕できる　大企業の中と外に生まれる有志の集まり〔濱松誠×田中章愛〕One Panasonic 代表（パナソニック株式会社 所属）／品モノラボ代表（大手電機メーカー 所属）」
http://www.worksight.jp/issues/497.html
・greenz.jp 2014 年 10 月 30 日「『何のために働いているのか』を問いなおす。富士通グループ全社員対象のイノベーション教育プログラム『実践知リーダー養成塾』」
http://greenz.jp/2014/10/30/fujitsu_jissenchi/
・オバタカズユキ『大手を蹴った若者が集まる知る人ぞ知る会社』（朝日新聞出版、2014 年）
・AERA2012 年 10 月 8 日号「あえて『大きな組織』に背を向けて東大生が選んだ『中小』の企業」
・キャリコネ 2014 年 7 月 9 日「就職先探しにも役立つ？　経産省『グローバルニッチトップ企業 100 選』が面白い」
http://careerconnection.jp/biz/studycom/content_1645.html
・日本経済新聞 2012 年 8 月 11 日「『仕事に手触り感』NPO が若者に人気の理由」
http://www.nikkei.com/article/DGXDZO44806810Q2A810C1W14001/
・リンダ・グラットン　池村千秋：訳『ワーク・シフト　孤独と貧困から自由になる働き方の未来図〈2025〉』（プレジデント社、2012 年）
・DANIEL GELERNTER「IT 新興企業が大卒者を求めない理由」THE WALL STREET JOURNAL 2015 年 9 月 7 日
http://jp.wsj.com/articles/SB11970227293124023368304581218081420256422
・BOP ビジネス支援センター
https://www.bop.go.jp/
・経済産業省貿易経済協力局通商金融・経済協力課 2012 年 7 月「BOP ビジネスの推進について」

http://www.meti.go.jp/committee/summary/0003344/pdf/005_04_00.pdf
・クーリエ・ジャポン 2014 年 1 月号
・大石哲之『英語もできないノースキルの文系学生はどうすればいいのか？　就職活動、仕事選び、強みを作る処方箋〔kindle 版〕』(tyk publishing、2013 年)
・J-CAST ニュース 2015 年 8 月 29 日「海外の日本食レストラン数が急増　2 年前の 1.6 倍に」
http://www.j-cast.com/2015/08/29243889.html
・瓦版「専業禁止で副業を推奨する企業の真意」
http://w-kawara.jp/originality/the-comany-recommend-a-job-on-the-side/
・慎泰俊『働きながら、社会を変える。　ビジネスパーソン「子どもの貧困」に挑む』(英治出版、2011 年)
・慎泰俊『ソーシャルファイナンス革命　世界を変えるお金の集め方』(技術評論社、2012 年)
・Living in Peace
http://livinginpeacetop.wix.com/lipall
・幸せ経済社会研究所「半農半 X」
http://ishes.org/cases/2011/cas_id000025.html
・駒崎弘樹『「社会を変える」を仕事にする　社会起業家という生き方』(ちくま文庫、2011 年)
・文部科学省 2015 年 2 月 17 日「産業競争力会議 雇用・人材・教育 WG (第 4 回) 文部科学省提出資料」
http://www.kantei.go.jp/jp/singi/keizaisaisei/wg/koyou/dai4/siryou2.pdf
・自由大学「ナリワイをつくる (昼クラス)」
https://freedom-univ.com/lecture/nariwai.html
・いろどり
http://www.irodori.co.jp/
・日経デジタルコア・CAN フォーラム共同企画「地域情報化の現場から」第 18 回　山間の町を元気にした「葉っぱビジネス」～徳島県上勝町の「いろどり事業」にみる高齢者活性化～
http://www.nikkei.co.jp/digitalcore/local/18/
・中小企業庁「シニア等のポジティブセカンドキャリア推進事業」
http://www.iju-senior.com/index.html
・三菱 UFJ リサーチ & コンサルティング「シニア等のポジティブセカンドキャリア推進事業 支援金一覧」
http://www.chusho-jinzaibank.jp/news/assets/docs/20150914_02.pdf
・伊藤洋志『ナリワイをつくる　人生を盗まれない働き方』(東京書籍、2012 年)
・藤村靖之『月 3 万円ビジネス　非電化・ローカル化・分かち合いで愉しく稼ぐ方法』(晶文社、2011 年)
・渡辺信一郎『江戸の生業事典』(東京堂出版、1997 年)
・(株) 矢野経済研究所「クラウドソーシングサービス市場に関する調査結果 2014」(2014 年 7 月 30 日発表)
http://www.yano.co.jp/press/pdf/1275.pdf
・日本経済新聞 2015 年 3 月 2 日
・吉田浩一郎『世界の働き方を変えよう　クラウドソーシングが生み出す新しいワークスタイル』(総合法令出版、2013 年)
・クラウドワークス・プレスリリース 2015 年 5 月 15 日「クラウドワークス、新事業『クラウドワークス BPO』を開始・2016 年の電力自由化へ向けて急拡大する電力関連事業のクラウドソーシングを推進」
http://crowdworks.jp/press/?p=5630
・厚生労働省・「非正規雇用」の現状と課題
http://www.mhlw.go.jp/stf/seisakunitsuite/bunya/0000046231.html
・COPLI「神戸 IT フェスティバル講演『クラウドソーシングへの期待～ IT ワーカーの新しいはたらきかた～』(2013.12.14 開催)」
http://www.copli.jp/modules/tinyd1/index.php?id=40

〔第 5 章〕
・稲葉陽二『ソーシャル・キャピタル入門　孤立から絆へ』(中公新書、2011 年)
・アダム・スミス『道徳感情論』(講談社学術文庫、2013 年)
・味の素「ガーナ栄養改善プロジェクト」
http://www.ajinomoto.com/jp/activity/csr/ghana/
・駒崎弘樹『働き方革命　あなたが今日から日本を変える方法』(ちくま新書、2009 年)

著者紹介

西きょうじ

1963年東京生まれ。京都大学卒業。現在は東進ハイスクール英語講師。執筆参考書多数、中でも『ポレポレ英文読解プロセス50』は20年以上“上位受験生のバイブル”として売れ続けている。近年は、講演会、被災地の幼稚園で紙芝居を読み聞かせる活動（このはな草子・顧問）など予備校業界の枠を超えて広く活動している。一般著書に『情報以前の知的作法　踊らされるな、自ら踊れ』（講談社）、津田大介氏との共著『越境へ。』（亜紀書房）がある。

仕《し》事《ごと》のエッセンス
「はたらく」ことで自《じ》由《ゆう》になる

印刷日　2015年11月10日
発行日　2015年11月25日

著　者　西《にし》きょうじ
発行人　黒川昭良
発行所　毎日新聞出版
〒102-0074
東京都千代田区九段南1-6-17
千代田会館5F
営 業 本 部　03（6265）6941
図書第二編集部　03（6265）6746

印　刷　精文堂
製　本　大口製本

Printed in Japan 2015
ISBN978-4-620-32242-1